堅定信念、大膽追夢、推翻質疑，平凡人的非凡成功學

樂律

夢想的距離，比你想的還近

DREAMS WITHIN REACH

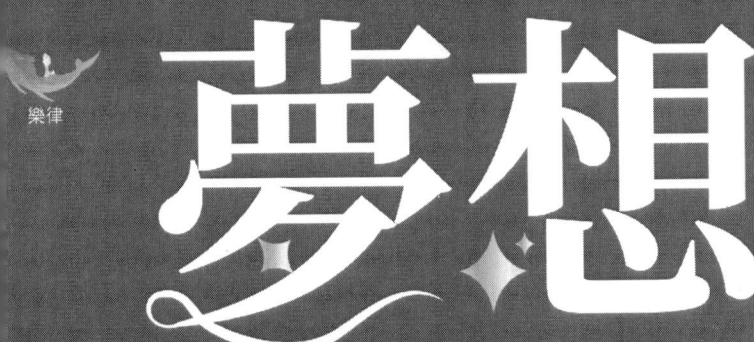

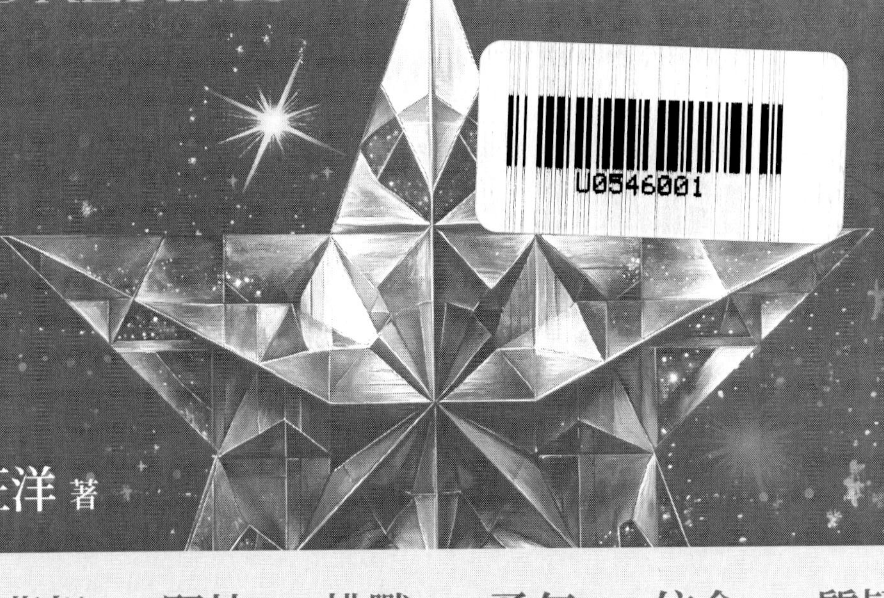

汪洋 著

✦夢想 ✦堅持 ✦挑戰 ✦勇氣 ✦信念 ✦質疑

平凡起點，依然能成就非凡人生

無論遭遇多少困難，夢想家從不退縮

目 錄

第一輯　帶著夢想出發，我們才不會迷路

008　我和我的冠軍女兒
013　用嘲笑滋養的夢想更茁壯
017　去西藏看海
021　走出來的馬拉松紀錄
025　「吹」出來的音樂奇蹟
030　13 歲女孩空難奇蹟
042　別活在過去的讚美裡
045　傾家蕩產打造「貪吃」夢想
050　挑戰不可能
053　一顆豬心救活夢想女孩

第二輯　放下包袱，勇敢為夢想開路

066　普通人與盲人
069　肺裡的冷杉樹
080　失敗時不要輕言放棄
083　提前了一站下車

目錄

086　別總盯著自己的缺憾
089　有些放棄是為了更好地獲得
093　你會讓上帝害怕嗎

第三輯　夢想也要溫暖，那些目光一路相伴

098　金屬支架上的舞者
101　辛迪的吊墜
106　暖心的謊言
111　「愛心蜜罐」情滿英倫
120　與人方便
123　能借你的信用卡用用嗎
126　絕症父親的「父親委員會」

第四輯　想綻放奇蹟，每個情節都生動

138　英吉利 =13.5 小時
142　母愛的堅守
145　小羊藏刀
148　22 歲單親媽媽的逆襲
152　只剩 500 元闖蕩大城市
155　「飛魚」傳奇

166	亞菲的反擊
171	重啟生命
183	「偽植物人」重生記
197	空中遇險生死表決
208	永不言敗的「紫色飛行者」

後記

目錄

第一輯
帶著夢想出發，我們才不會迷路

　　人生的每一天，都是一種出發。但我們要以怎樣的狀態出發呢？是拖著疲憊的身體，眼神茫然，不得不走嗎？不！

　　漂亮的人生不是這樣的。看著遠方，我們的目光熾烈，我們的心溢滿激情。最重要的是，我們選擇出發的生命不能缺少夢想。也許有人會嘲笑你的夢想，但只要心懷堅定，前進的道路上，我們就不會迷失。

第一輯　帶著夢想出發，我們才不會迷路

我和我的冠軍女兒

瑪哈維亞（Mahavir Singh Phogat）年輕時，曾是一名優秀的角力選手，他的心裡一直有個夢想 —— 拿世界冠軍。但低廉的收入讓生活舉步維艱，他不得不選擇向命運低頭，去尋找一份收入穩定的工作以維持生計。即便如此，他的夢想從未破滅過，一心想要妻子給他生個兒子，去替他實現那個被暫時擱置的冠軍夢。

但上天似乎故意要和瑪哈維亞作對，妻子接連生下的四個孩子，全部都是女兒。在他以為夢想就要破滅時，一個突如其來的意外讓他的夢想再度鮮活。一天，兩個已經上學的女兒，把欺負她們的男生狠狠摜倒在地。兩姐妹表現出來的勇猛，不僅未讓瑪哈維亞覺得自家女兒不像別家女兒那樣安分，他反而從她們身上看到了夢想成功的希望。瑪哈維亞為姐妹倆制定了一整套訓練計畫，並親手在稻田中央修建了一個角力坑，對她們進行殘酷的角力訓練。

姐妹倆以為，爸爸這樣做是對她們在學校打架的懲罰，因此訓練時她們並不投入，甚至用能夠想到的所有辦法逃避訓練，並相信過不了多久，爸爸的懲罰就會結束。事情真是

這樣嗎？對姐妹倆的懈怠和反抗，瑪哈維亞施以了更嚴厲的手段：剪掉長髮，脫去長袍，穿上短褲。

對瑪哈維亞訓練女兒角力持反對意見的妻子抱怨道：「別為了一己之私毀了女兒一生。」周圍的風言風語，更是如排山倒海一般侵襲而來。在村民們毫不留情的嘲諷嬉笑裡，瑪哈維亞也曾猶豫，但他堅持「只能在當教練跟父親之間擇一個，當教練時，父親的角色就是次要的」。他頂住了所有嘲笑，繼續走在夢想的道路上。

在印度，女孩一生下來，注定的命運就是在家裡洗衣做飯，14歲後再嫁到別人家洗衣做飯，撫養孩子。瑪哈維亞不願自家女兒迎接這樣的宿命，他想要「培養出兩個非常偉大的女兒」，擁有和別的女孩不一樣的人生。但瑪哈維亞的這種堅持，不僅村民們看不懂，連姐妹倆也不明白。

好朋友的婚禮上，雙眼含淚的新娘卻很羨慕她們有這樣一個爸爸，並說道：「他在和全世界對抗，他承受著所有人對他的嘲諷，為什麼？為了你們有個好的未來，他做錯了嗎？」

活生生的例子，猶如當頭棒喝，讓姐妹倆條然明白了爸爸的一番苦心。此後，她們全身心地投入到了角力訓練中。周圍的那些嘲笑，不僅不再能擋住她們夢想的腳步，反而成了她們前進路上的試金石。

 第一輯　帶著夢想出發，我們才不會迷路

當瑪哈維亞帶著姐妹倆第一次參加其他選手都是男子的角力比賽時，迎接她們的不是掌聲，而是拒絕和冷嘲熱諷。雖然後來主辦方破例准予參賽，也僅是為了讓比賽更有吸引力。至於前來觀賽的人，懷有的是想看到姐姐被打趴下，甚至被撕爛衣服的齷齪心思。

在幾乎所有人都看不起你的情況下，你會是什麼心境？是垂頭喪氣躲到角落裡嗟嘆命運不公，還是奮起抗爭？裁判極度輕視姐姐，讓她自己挑選對手。她沒有挑選偏弱的選手，而是出人意料地挑選了最強壯的一個。這一場比賽，竭盡全力的姐姐最終還是輸了，但她面對強敵時的勇敢打拚，感動了曾經輕視嘲笑她的所有觀眾，人們再次投向她的目光，變成了欽佩尊重。瑪哈維亞很為女兒高興，因為她戰勝恐懼，找到了夢想的方向。瑪哈維亞一直希望的是姐妹倆心裡不要被嘲笑、質疑、輕視種下恐懼，阻礙了夢想。在這場失敗的比賽中，他看到了希望。

被夢想武裝起來的姐姐，對下一場比賽有了期待。這種期待，給予了姐妹倆刻苦訓練的勇氣和力量。儘管後面的比賽越來越艱難，但姐姐在瑪哈維亞的引導下，堅持到底，最終贏得了全國冠軍。這時，所有人都認為他們夢想成真了，但瑪哈維亞說：「當你贏金牌，不是為了自己，而是為了國家，我的夢想才會實現。」剎那間昇華的夢想，讓人們對姐

妹倆有了更多期待。

可隨後的比賽中，姐姐不斷遭遇挫折，在國際性大賽中，她總是第一輪就慘遭淘汰。即便如此，瑪哈維亞依舊沒有放棄夢想，女兒傷心絕望時，瑪哈維亞走到她面前，為她重塑夢想，重拾信心，告訴她說：「如果你贏得銀牌，過不了多久你就會被忘記。如果你贏了金牌，你就會成為榜樣。成了榜樣，孩子，你就名留青史了。」在 2010 年的大英國協運動會上，姐姐在極不利的情況下擊敗對手，戰勝自我，最終贏得金牌。這是印度有史以來在國際大賽中拿到的第一面女子金牌。

姐姐的勝利成了妹妹的榜樣，妹妹也開始了圓夢之旅，並在 2014 年的大英國協運動會上獲贏得了 55 公斤級角力比賽金牌。迄今，姐妹倆共在國際比賽中為印度贏得 29 面獎牌。更重要的是，她們的爸爸不畏嘲笑，堅持夢想創造出的奇蹟，像熊熊火焰一樣引燃了印度數千位女孩的角力夢想。

這是電影《我和我的冠軍女兒》中演繹的故事，經由真人真事改編而成，姐姐叫吉塔（Geeta Kumari Phogat），妹妹叫芭碧塔（Babita Kumari Phogat）。這部講述夢想的電影上映後，爆紅得一塌糊塗。或許正是瑪哈維亞和姐妹倆堅持夢想，不畏嘲笑，才觸動了所有夢想者的心。

誰會沒有夢想呢？有多少人能在嘲笑裡堅持夢想呢？爸

 第一輯　帶著夢想出發，我們才不會迷路

爸和姐妹倆給所有夢想者上了生動一課：被嘲笑的夢想更值得追求，夢想是用來堅持的。哪怕全世界都在看你的笑話，你也絕不能放棄自己的夢想，絕不能認輸。那些嘲笑你夢想的人，只是想把你變成和他們一樣畏畏縮縮的人。

用嘲笑滋養的夢想更茁壯

老羅,科技公司創始人。

但在一夜成名前,老羅曾經擺過攤、開過羊肉串店、轉售過藥材、做過期貨、走私過汽車、銷售過電腦配件,還從事過文學創作。如此拚命地遊歷在這些五花八門的行業中,只因他是個純粹的理想主義者,一心想賺到很多很多錢,之後做個低調富有的人。

在不少人看來,老羅的那些理想華而不實,不僅沒有給予鼓勵,甚至還公開嘲笑:「連個高中都沒畢業的人,還敢大言不慚地說做什麼低調富有的人,做他的千秋大夢去吧!」

老羅連完整的高中學歷都沒有,高二那年,成績不好的他選擇了退學。之後,他並未像一些人預料的那樣自我放逐,而是在理想鞭策支撐下,不斷努力,試圖衝破藩籬。但直到 27 歲,他也未能獲得期望的成功。

這一年,老羅窩在租來的 4.5 坪的小屋裡玩電腦,無意中瞄到了一則訊息:英語補習班教師年薪上百萬,是理想主義者創業的好去處。這則訊息讓老羅如獲至寶,毫不猶豫地做出了決定:「去補習班做個年薪上百萬的教師也不錯。」

 第一輯　帶著夢想出發，我們才不會迷路

　　他的這個決定，讓一直嘲笑他的人幾乎笑掉了大牙：「到補習班當英語教師，憑他那點能耐，這不是要滑天下之大稽嗎？」對環繞身側的這般嘲笑，老羅一概笑而置之，堅信只要堅持理想，再付出足夠努力，就沒有到不了的彼岸。隨後，他開始了一年半時間的魔鬼式學習，每天不分日夜地學習英語，白天刷雅思、托福考題，晚上練習聽力，聽到耳鳴還不放棄，即便夢囈，唸叨的還是嘰哩呱啦的英語單字。

　　2000年12月，老羅給補習班寫了一封上萬字的求職信，在坦誠了學歷情況後，懇請他們能給自己一個實現理想的機會。補習班沒有輕看老羅，在他連續兩次試講失敗後，又給了他第三次試講的機會。2001年，老羅成功通過試講，在那些嘲笑者不可思議的目光裡，完成了從一個高中輟學生，到英文講師的蛻變。

　　隨後五年多時間裡，奔波多年的老羅靜下一顆心，安心任教於補習班。在外闖蕩的豐富人生經歷以及一直深種心間從未磨滅的理想，賦予了他強大的教學動力。老羅幽默詼諧的教學風格以及不時流露出來的高度理想主義氣質，深深感染著前來聽課的每個學生。一些學生忍不住偷偷地錄下了他的講課內容，並在大學校內網站傳播分享。不管是老羅本人，還是分享內容的學生，任誰都不會想到，這些音質奇差的盜錄內容，最後會被冠以「老羅語錄」之名，並在一夜之間

用嘲笑滋養的夢想更茁壯

風靡大江南北。

名不見經傳的老羅出名了。曾經嘲笑他「痴心妄想」的人，在瞠目結舌片刻後，又不服氣地開始了新一輪嘲笑：「不就是偶然的成功嗎？有什麼了不起，難道他能一直這樣好運？」

老羅隨口說道：「剽悍的人生不需要解釋。」這話後來成了網路流行語。不久，他用一場至今被人津津樂道的辭職，為理想主義人生再添生動一筆。

時間進入 2006 年，老羅意識到自己的名氣給補習班帶來的收入遠遠超過了實際所得的薪水，遂決定辭職。這年 6 月，他再一次成了無業遊民。但這段時間並不長，緊隨其後的 7 月 31 日，老羅發起創辦的部落格網站正式開張。又兩年後的 7 月，他創辦了自己的補習班。

但好運並不總伴隨著老羅。對他來說，2009 年不太好過。這一年，他花了很多心血，正風生水起的部落格網站被強行關閉。不僅如此，他傾力創辦的補習班，第一年虧損超過了一千兩百萬元。正當他焦頭爛額時，那些嘲笑如影隨形，再度跟了上來。老羅沒有停下腳步，他要讓嘲笑成為夢想茁壯成長的養分。

2010 年 4 月，老羅的自傳出版了，並很快衝上暢銷書排行榜。同年 11 月，他舉行的演講引起廣泛迴響。

幾番打拚後，老羅的補習班終於走出了虧損陰影，開始

 第一輯　帶著夢想出發，我們才不會迷路

盈利。這時，他那顆被理想肥沃的心又躁動起來。2011 年 10 月，聽聞蘋果創始人賈伯斯去世的消息，老羅忍不住慨嘆：「這個行業裡最聰明的人沒了。」他突然很想去做另一個最聰明的人，並在社群網站宣布：下週就要註冊一個新公司開始做手機了，每天都活在興奮中⋯⋯

老羅的這則貼文，迎來了排山倒海般的嘲笑：老羅做手機，除非鐵樹開花。一位曾經很欣賞他的風險投資人直接扔出一句話「一分錢都不投」。還有人直言「說句不客氣的話，如果公司你自己管，必死無疑」。對此，老羅笑言：「不被嘲笑的夢想是不值得去實現的。」在他看來，被嘲笑了的夢想，更特立獨行，更與眾不同，更值得去實現。而同時，嘲笑還能滋養夢想。

老羅想去當教師，去了。老羅想辦網站，辦了。老羅想開英語補習班，開了。老羅想寫書，寫了，還出版了。老羅想做手機，做了。

在一波又一波嘲笑面前，老羅從不退縮，他心裡自有一桿秤，絕不做止步於空談的理想者。他讓所有夢想者看到，堅持被嘲笑的夢想，不放棄不鬆懈，嘲笑就能成為讓夢想茁壯的養分，而夢想也因此一定會迎來實現的那一天。他更讓所有夢想者意識到，真正被嘲笑的不是你的夢想，而是你在夢想面前猶豫徘徊的舉動，不敢進行捨生忘死的努力。

去西藏看海

「西藏真沒有海,別異想天開了。」大學畢業那年,在得知黃千和西藏一家報社簽約後,朋友們看他的目光裡充滿了不可思議,其間還有隱藏不住的一縷嘲笑,好像黃千是來自異世界的怪物一般。面對他們那一副副恨鐵不成鋼甚至嘲弄的表情,黃千的心情卻出奇的平靜,他輕輕一笑道:「那可說不定,或許真有哦。」

「你太瘋狂了,簡直無藥可救!」見他死心塌地,絕不悔改,朋友們搖著頭,無可奈何地總結。

黃千很清楚他在幹什麼。在做出去西藏工作的決定時,他的頭腦前所未有地清醒。簽約前,他告訴朋友們:「我要去西藏看海!」這個想法一說出來,有朋友就摸著黃千的額頭說:「很正常啊,沒有發燒!」更多的則是苦口婆心地勸解:「西藏有海嗎?別天真了,還是踏實找份好工作吧。」

他真不知道去西藏能否看到希望的海,但夢想一經點燃,又怎能輕易熄滅呢?

風塵僕僕,黃千搭乘的飛機在有驚無險的劇烈顛簸後,降落在貢嘎機場。黃千的雙腳終於在殷殷渴望中踏上了世界

第一輯　帶著夢想出發，我們才不會迷路

　　最高屋脊──青藏高原。進入眼簾的，除了高高的山，還是高高的山。它們並不險峻，除了淺草外，找不到一棵綠樹。但奇怪的是，這阻擋視線遠望的大山，竟給了他無比開闊的感覺，沒有綠樹的山脈在他的心地上一片蓊鬱。

　　汽車一路飛馳，將奔騰的雅魯藏布江拋在身後。當遠處紅山巔上布達拉宮閃閃發光的金頂越來越近時，黃千的熱血情不自禁沸騰起來，他忍不住激動地大喊大叫：「西藏，我來看海了！」

　　聽到黃千興奮的叫喊聲，報社派來接他的同事笑道：「青藏高原曾經是海洋，你算來對地方了。」同事言及的地理知識，黃千自然知道。但那是過去的海，他想要的是西藏現在的海。

　　但還沒找到西藏的海，便遭遇了當頭棒喝。報社人員緊缺，黃千很快被安排到了版面負責工作中。對此，他不以為然：「不就是編編稿畫畫版嘛，小意思。大學裡，文學社的社報一直都是我在負責編排呢！」他信心滿懷地把組好的版送到部門主管那裡審查。在主管攤開畫版紙後，黃千期待的肯定並未如期而至。他原本認為萬無一失的事卻被部門主管一言否定：「我們報有自己的風格，你還是好好研究下過去的版面吧！」

　　「他在挑刺吧！你們的報紙怎麼啦？我又不是沒有編排過報紙。」編排的版面被「槍斃」後，黃千心裡有了不滿的

情緒，堅持不去資料室找過去的報紙研究。接下來的工作，他做得很彆扭。而這時，遠離家鄉的孤獨也排山倒海般向他襲來。一次編排校對時，精神恍惚的黃千竟然出現了重大失誤，直到報紙印刷出來，才發現標題錯了。他可以不在乎被扣去獎金，不在乎被主管批評，卻不能不在乎自以為是的能力如此不堪一擊。一時間，黃千的情緒低落，曾經的意氣風發消失無蹤，甚至在心裡打起退堂鼓來，萌生了怯意。

那些天，他總是情不自禁地想一件事，如果當初聽從了朋友們的建議沒有來西藏，不管怎樣，也一定比現在輕鬆愜意。入藏時的新奇，在接踵而來的不如意裡消失殆盡。見慣家鄉喧鬧繁華都市場景的黃千，突然對拉薩低矮的建築物，冷清的街道莫名厭煩……煩悶中，他接到了朋友的電話：「兄弟，在西藏看到海了嗎？」

「我要去西藏看海！」這似乎是自己曾經說過的話吧，記憶被翻攪而出。但此時，他無法再像當初那樣一笑而過。電話裡，一向健談的黃千沉默了，不知如何回答。是啊，他到西藏是來看海的，現在不僅連海的影子都沒見到，反而陷入了無措的沼澤中。在奔流向前的拉薩河邊，他一邊向河裡扔石頭，一邊自問：「你能就這樣就離開嗎？」

不知去路的黃千在一個週末裡與同事一起去相隔兩條街的大昭寺遊玩。路上，一位三步一叩拜的藏族老阿媽吸引了

 第一輯　帶著夢想出發，我們才不會迷路

他的目光。這樣的場景，過去他只從影視鏡頭裡看見過。朝聖的老阿媽的真實演繹深深震撼了他。周圍的目光，她不管不顧，只是虔誠地叩拜著。同事說：「她也許來自很遠的地方，三步一叩拜，歷盡千辛萬苦，只為心中的夢想，對藏傳佛教的至誠信仰。」黃千突然想起自己的那個夢想來，那個看海的夢想。

猶如醍醐灌頂般，他倏然從迷茫無措中醒來。之後，黃千把全部熱情和精力投入到了工作中，去報社資料室找來過去的報紙認真思索。再之後，由他負責的版面漸漸有了起色，一次次贏得上司和同事的肯定讚揚。同時，黃千寫作的筆變得更加靈動起來，寄出去的文章一篇連著一篇發表。

黃千在西藏的日子變得充實而快樂。突然很期待朋友再打電話來，很想聽到朋友再問自己一遍：「西藏有海嗎？」如果是，他一定會驕傲地回答：「西藏真的有海！」

而今的黃千早已成為了報社總編。在一次朋友聚會中談及當年那個「去西藏看海」的青春故事，在繚繞的茶香中，黃千淡淡一笑，歷經歲月洗禮的面龐愈發堅毅。青藏高原本沒有海，但他依舊看到了海，那是因為「西藏的海」在他的心中。西藏的海，是希望和夢想的代名詞，它存在於每一個孜孜追求者的心裡。

走出來的馬拉松紀錄

　　菲爾‧帕克決定前往參加倫敦馬拉松大賽。朋友們都勸他，放棄那瘋狂的想法，全程42.195公里的馬拉松可不是鬧著玩的，即便普通人想要跑完也需要非凡的毅力。帕克很倔強，沒有聽從朋友們一片好意的勸慰。

　　看著依靠兩根拐杖站立的帕克，倫敦馬拉松大賽組委會的工作人員以不可思議的目光看著他，道：「帕克先生，我想問的是，你確定這位要參加馬拉松大賽的人就是你嗎？」帕克笑著說：「我確定，他就是我！」沉思片刻，工作人員再次說：「帕克先生，原諒我們的無禮，你能在這裡試跑一下嗎？」帕克沒有回答，而是轉過身向大廳的另一端走去。短短20多公尺，他用了整整兩分鐘。工作人員面帶疑惑：「帕克先生，馬拉松大賽需要用跑……」帕克打斷他的話說：「先生，這就是我的跑。」

　　倫敦馬拉松大賽組委會最終接受了帕克的參賽請求，他們沒有理由拒絕一個認為自己能跑、精神正常的選手。想著將要進行的馬拉松大賽，帕克看看自己癱瘓的雙腿，心裡沒有憂傷，而是充滿了期待。

 第一輯　帶著夢想出發，我們才不會迷路

　　帕克曾是英國皇家憲兵隊少校，先後在伊拉克、波赫、科索沃和英國北愛爾蘭等地服過役。但報名參加倫敦馬拉松大賽前一年，在伊拉克巴斯拉市執勤的他，遭到了武裝分子的襲擊。在這次襲擊中，帕克腿部受傷，血肉模糊，他也失去了知覺。命懸一線時，他被緊急送回英國醫院進行搶救。醫生經過全力救治，在挽救了他的生命後說：「從今以後，你再也不能依靠雙腿站立走路了。」

　　朋友們都為帕克感到痛惜，出面安慰道：「不能用腿站立走路，我們就用輪椅好了！」帕克笑著說：「這個世界總會有奇蹟發生的！」其實，最初聽到醫生的「預言」，帕克心裡也萬分痛苦，但想想在那次襲擊中喪生的同袍，他對自己說：「和他們相比，你已經很幸運了，至少還擁有美好的生命。」如此想過後，帕克變得很坦然，並在國防部康復中心工作人員的幫助下，咬牙堅持鍛鍊，希望自己能夠創造奇蹟。鍛鍊中，摔倒成了帕克的家常便飯。看著經常被摔得鼻青臉腫的他，朋友們心疼地說：「帕克，放棄吧！」帕克沒有放棄，他用一次又一次的摔倒，用堅強的毅力證明了醫生「預言」的錯誤：依靠兩根拐杖，奇蹟般地站立起來，並成功地邁出了生命中的又一個第一步。

　　馬拉松大賽在帕克的期待中開始了。站在參賽選手中，依靠兩根拐杖站立的帕克顯得與眾不同。發令槍一響，其他

選手迅速地衝了出去。很快，帕克就被遠遠地拋在了後面。以至到了後來，他連其他選手的背影都看不到了。儘管如此，帕克並沒有著急，他撐著兩根拐杖，按照自己的方式向前「跑」著，一步又一步，那麼艱難。長時間不間斷地握著拐杖，帕克的手掌上被磨出了一個又一個水泡，汗水浸進水泡裡，一陣陣的痛。儘管如此，他每天也只能「跑」3.2 公里。

在人們眼裡，帕克這哪裡是在跑啊，明明就是在走，甚至連走都算不上，而是在挪。儘管人們不知道帕克究竟什麼時候能跑完這屆馬拉松大賽，卻依舊被他絕不放棄的精神所感動。每一天，只要帕克出現在馬拉松大賽的賽道上，人們都會自發地站在兩邊為他加油鼓掌，為這個與眾不同的選手叫好。漫長的馬拉松賽道，在帕克的鍥而不捨中，被慢慢地征服，終點距離他越來越近。經過 13 天又兩小時 50 分鐘，帕克終於到達了倫敦詹姆斯公園的馬拉松終點線。到達終點的帕克，創造了倫敦馬拉松大賽的一個新紀錄：以最慢速度跑完倫敦馬拉松的紀錄。

當帕克撐著拐杖的身影衝破終點線時，早已等候於此的人們情不自禁地為他歡呼。用差不多兩週的時間，一個雙腿癱瘓的人，跑完 42.195 公里，這需要多麼堅強的意志啊！曾經 5 次獲得奧運划船比賽冠軍的英國奇人史蒂夫‧雷德格雷夫（Steven Redgrave）向帕克頒發了獎牌。面對媒體記者的採

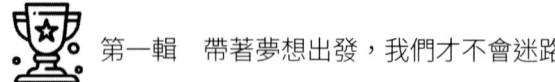第一輯　帶著夢想出發，我們才不會迷路

訪時，滿頭大汗的帕克說道：「我大約跑了 52400 步。我很高興自己能跑完馬拉松，並創造了新的大會紀錄。生活中，我相信每個人都可以創造屬於自己的紀錄。」

　　按照自己的方式去創造屬於自己的紀錄！帕克給我們上了完美的一課。

「吹」出來的音樂奇蹟

他叫小劉，是一名堆高機駕駛，綜藝節目主持人說他很能「吹」。堆高機駕駛技術好大家有目共睹，但很能「吹」，似乎有點牛頭不對馬嘴了。觀眾們好奇的胃口被吊了起來，期待他上臺揭開謎底：「怎樣才是很能『吹』呢？」

在大家望穿秋水的目光裡，小劉出現在了舞臺上。站在兩位漂亮的禮儀小姐中間，他手持一截尾部彎曲的水管，專注地吹出了節奏明快的笛聲，是一首民謠。這就叫很能「吹」嗎？這也能叫很能「吹」！或許是期望越大，失望就越大，現場觀眾禮貌性的掌聲顯得有些零零落落。

小劉並未被臺下觀眾或許有些失望的情緒所影響，民謠依舊在演播廳裡迴盪。但大家發現，他吹奏的樂器突然變了，變成了一根紅紅的蠟燭，然後是一支小小的原子筆，隨之又是一個舊麥克風。當小劉從禮儀小姐手裡接過又一個即將吹奏的樂器時，現場熱烈的氣氛被點燃了。小劉接到手中的到底是個什麼樂器呢？

相信很多人都想不到，他接過來的竟然是一塊溼漉漉的磚頭。那的確是一塊磚頭，建築用的紅磚，唯一區別在於磚

 第一輯　帶著夢想出發，我們才不會迷路

頭上被鑽了多個小孔。難道小劉要將吹奏節目變成功夫表演？來上一段掌斷磚頭，或者是頭碎磚頭？

在所有人注目中，溼漉漉的紅磚來到了小劉的嘴唇邊。而後，那首節奏明快的民謠再度響了起來。人們瞪圓了不可思議的眼睛，主持人在節目開始時的觀點得到了強力證實——小劉的確很能「吹」。一個可以用磚頭吹奏出動聽音樂的人，如果不算能「吹」，這個世界上恐怕就沒有能「吹」的人了。

震撼還沒有完，在接下來的節目中，小劉拿在手中進行吹奏的一個又一個樂器更讓人跌破眼鏡，將人們的不可思議提升到了極致。他拿出的都是些什麼樂器呢？難道還有比磚頭更讓人吃驚的樂器？

小劉用來吹奏出美妙音樂的樂器，生活中我們每天都能見到。但是，在見到它們之後，任誰也不會想到，原本用來吃的它們，還可以變身為樂器。它們就是胡蘿蔔、萵苣、山藥，甚至是黃瓜等蔬果。

它們是擁有神奇變身本領的蔬果嗎？太讓人匪夷所思了⋯⋯這一幕又一幕，真實地震撼了所有關注的人。但上演神奇一幕的不是它們，而是小劉。是他，讓原本普通常見的蔬果和廢棄物品等，完成了神奇的蛻變。在小劉眼裡，凡是柱狀、管狀，甚至塊狀的物體，經過精心改造，鑽出管道，

026

打出孔,就能變身為樂器,吹出打動人心的音樂。在過去的二十多年裡,用這種隨手拈來的化腐朽為神奇的本領,小劉為自己鋪設了一條迥異的音樂人生路,被周圍人親切地稱為「管子哥」。

「管子哥」小劉的神技,很容易讓人將他想成知名音樂人。但他只是一名普通的堆高機駕駛,每天的大多數時間都在駕駛堆高機中度過。那笨重的堆高機,不管怎麼看,都很難與靈動的音樂扯上關係。小劉在生活中不時用那些奇奇怪怪的「樂器」演繹非凡的音樂盛宴,從家人間、朋友間、工友間,一路走到綜藝大明星選秀節目。

別人看來再普通不過的蔬果和廢棄物品,到了小劉手裡怎麼就可以變身為演奏美妙音樂的樂器呢?在主持人的訪談中人們才知道,小劉與音樂的緣分並非天生造就,而是他獨具匠心的執著夢想。

某種程度上說,小劉其實是不幸的。出生後,貧困的父母決定將他送人。而這或許又是小劉幸運的開始,養母待他如同親生,竭力照顧他、關愛他,並盡力滿足他的願望。小劉從小就是個懂事的孩子,幾乎不向養母提任何要求。但9歲那年,從不提要求的他,終於忍不住向養母提出了一個奢侈的要求:買一把笛子。

事情的起因並不複雜。那天,小劉在放羊時覺得很無

 第一輯　帶著夢想出發，我們才不會迷路

聊，便將注意力落到了鄰居家的一個哥哥身上。那個哥哥正在吹笛子，悠揚的笛聲將他深深地迷住了。隨即，小劉心裡有了一個抑制不住的夢想：「我也要吹笛子，而且要比他吹得更好。」想要吹笛子，首先得有笛子才行啊，這讓幾乎沒有零用錢的他只能「望笛興嘆」。

猶豫了好久，小劉也沒有敢向養母提買笛子的要求。笛子的價格對於這個家庭而言真的不是一個小數目。可是悠揚的笛聲，總是在他的夢裡響起，讓他輾轉難眠。他想：「既然買不起，我就自己做吧。」如此想過後，小劉磨破了嘴皮，將那位鄰家哥哥的笛子借來認真地觀察研究。

細心的養母發現，小劉將比大拇指粗的竹子鋸成一小段，並用鐵釘在上面鑽孔。在她有些詫異的追問下，小劉不抱希望地說出了要個笛子的想法。養母望著一臉期冀的小劉，沒有說什麼，默默地站起來走了。望著養母逐漸遠去的背影，小劉特別失望，他繼續埋頭鑽孔做自己的笛子。但兩天後，養母將皺巴巴的鈔票遞到了小劉面前。小劉知道這意味著什麼。

含淚從養母手裡接過這助他開啟音樂之門的鈔票，小劉告訴自己：「我一定要堅持下去。」

買來一把渴望已久的笛子後，小劉利用這把笛子不僅學會了吹奏，還開始了進一步的研究和自製樂器之路。他發

「吹」出來的音樂奇蹟

現,笛子能發出聲音,是因為有個中空的管道,以及其他控制氣流的小孔。於是小劉便想,是不是所有東西,只要有個中空的管道和控制氣流的小孔,就能吹奏出笛子一樣的聲音來呢?如此想過後,小劉開始利用生活中一切可以鑽管道打孔的東西,一塊磚、一段木頭、一根黃瓜、廢棄的燈管等,只要是管狀、塊狀、柱狀的物體,他都會拿來嘗試。

經過成千上萬次的試驗,小劉成功了。在他手裡,隨手拿來的任何東西都可以被他打出管道鑽出孔變成樂器。也因此,小劉被熟識他的人叫成了「管子哥」。而這時,他已經能用他自製的「笛子」吹出動聽的笛音。越來越多的人被小劉奇形怪狀的「笛子」和美妙的笛音所吸引,認可了他,成了他的粉絲。但小劉並未成為專業的音樂人,他更喜歡做著一份普通的工作過樸實的生活,因為這樣才能沒有干擾地繼續他的樂器研究發明。

而小劉之所以要上節目,只是為了借這個舞臺表達他對養父、養母的感激之情,感謝他們的養育之恩、再造之情。在節目中,樸實的養母說出了一個讓人震撼的願望:「我希望小劉……用他的這些樂器吹遍世界,有機會去外國,用外國的東西,吹出家鄉的聲音來!」

相信,心懷感恩和執著夢想的小劉一定會實現養母的願望。他的音樂人生路,一定會越走越寬,越走越美滿。

第一輯　帶著夢想出發，我們才不會迷路

13 歲女孩空難奇蹟

葉門航空公司的一架客機墜毀在了印度洋。一個叫巴卡莉・巴希亞（Bahia Bakari）的 13 歲少女，在空難發生後，以不可思議的勇氣在死神的重重圍困中奇蹟逃生，成了唯一的倖存者。

遭遇驚天空難

巴卡莉・巴希亞，出生於葛摩島西南部一個名叫尼歐馬德扎哈的小山村。從懂事起，父母就教導她：「親愛的，無論你處於何種艱難的環境裡，千萬不要失去抗爭的勇氣。只要勇於抗爭，絕不放棄，上帝便一定會賦予你豐厚的回報！」巴卡莉牢牢地記住了父母這句話。在生活中，在遭遇困難時，她總是高昂頭顱，勇敢面對，絕不認輸。

跟著父母移民法國南部城市馬賽後，在居住的第十四街區，巴卡莉像一朵清新的雛菊，感染了每一個認識她的人。周圍的人都很喜歡她，親切地叫她「天使巴卡莉」。看到女兒健康快樂地成長，她的父母非常高興。

巴卡莉 13 歲這年夏天，母親告訴她，要帶她回家鄉葛摩

探親。移民法國後，巴卡莉對兒時的夥伴無比想念，但距離遙遙，她只能透過書信和夥伴們聯繫，最直接的也就是打打電話而已。因此，母親的決定讓她感到非常興奮，她又可以見到兒時的夥伴了。

她和母親登上了從巴黎戴高樂機場起飛的葉門航空公司的空巴A330。在飛機上，巴卡莉將頭靠在母親肩膀上說：「媽媽，今天真是個好日子，我要見到朋友們了。」母親輕輕拍著她的手，笑著說：「親愛的，到時你要和朋友們好好聊天。」巴卡莉開心地點了點頭。

當巴卡莉和母親在葉門首都沙那換乘一架飛往葛摩首都莫洛尼的空巴A310後，她更加興奮，彷彿朋友們已經出現在她眼前一般，正進行熱情的交流。她拿出隨身攜帶的一圈橙色綢繩，給他們編幸運扣作為禮物。想到夥伴們將接過她親手編的禮物，巴卡莉笑臉如花。

三個多小時後，巴卡莉和母親搭乘的飛機抵達了葛摩首都莫洛尼上空。透過機窗玻璃，她看到了機翼下燈火通明、一片繁華的城市。聽著空服員甜美的聲音，巴卡莉知道，飛機即將降落，她的心跳頓時加快起來。飛機降低高度，試圖降落伊可尼機場。但令機上所有乘客意外的是，在他們甚至可以清楚地看見機場跑道上明亮的燈光時，飛機再一次被拉升起來。

 第一輯　帶著夢想出發，我們才不會迷路

　　突然出現的變故，讓機上的乘客頓時議論紛紛。有乘客質問空服員：「飛機出什麼問題了嗎？」空服員一臉微笑著道：「機長會告訴我們具體情況的。」聽過空服員的回答，機艙內有乘客談起了月初發生在大西洋上空的法航空難。一向關注新聞的巴卡莉也知道。在那次空難中，機上的 200 多名乘客和工作人員無一生還。剛獲悉空難消息時，她為那些命喪空難的人們難過不已。聽著機艙裡乘客們擔憂的議論，巴卡莉側頭一臉疑惑地問母親：「媽媽，我們坐的飛機也有危險嗎？」母親伸出手輕輕地摟著巴卡莉的肩膀說：「親愛的，我們很安全，不會有事的。」

　　母親的話讓巴卡莉感到一陣輕鬆，她又忍不住想念即將見面的夥伴們。在她思緒翩翩時，時間不知過了多久，飛機上廣播裡響起的要求乘客繫好安全帶的聲音驚擾了巴卡莉的思緒。在她將手中的橙色綢繩放進衣袋時，母親將手伸過來，檢查她的安全帶是否繫好。乘客們在系安全帶時，都感到非常緊張。頓時，機艙裡瀰漫著一股緊張的氣氛。母親笑著對她說：「親愛的，我們不會有事的。無論發生什麼，我們都會順利撐過去的。」細心的巴卡莉從母親的笑顏中看到了幾絲憂色。想起父母從小的教導，巴卡莉拍拍母親的手說：「媽媽，別擔心我，我會照顧好自己。」聽過她的話，母親臉上露出了欣慰的微笑。

看著母親，巴卡莉心裡暖洋洋的，全然沒有其他乘客所有的那種緊張。正在這時，飛機發生了劇烈的顫動。在顫動中，機艙裡響起了一片尖叫聲。巴卡莉被刺耳的尖叫聲以及飛機的劇烈顫動弄得頭暈目眩。她側過頭去看母親，發現母親正一臉關愛地看著她。巴卡莉沒有想到的是，這是她人生中最後一次直視母親的目光。

巴卡莉張開嘴，想對母親說：「媽媽，我們沒有事吧！」然而，她張開的嘴還未發出聲音，全身突然有種觸電一般的感覺，痠麻無比。這種觸電的感覺，巴卡莉不知道維持了多長時間，或許很長，或許很短。在頭暈目眩中，她的身體產生了一種強烈的失重感。而後，失重感倏然消失，她整個人陷入了一片無邊無際的黑暗中。

在無邊的黑暗中，巴卡莉不知道自己已經昏迷，更不知道她搭乘的這架飛機和月初的法航客機一樣，也發生了墜毀。

少女命懸怒海

巴卡莉搭乘的這架飛機墜毀在了距離葛摩群島海岸線數十公里的印度洋上。此時，這一片海域正颳著勁猛的風，海面上捲起了一波又一波惡浪。

或許是上天垂憐巴卡莉。在飛機墜入滔天巨浪的那一

 第一輯　帶著夢想出發，我們才不會迷路

刻，她竟然十分神奇地被彈出了機艙，而沒有隨著機艙一起沉入大海深處。洶湧冰涼的海水，向處於昏厥狀態的巴卡莉擠壓過來。鹹鹹的海水鑽進了她的鼻子和嘴巴裡，她被嗆得劇烈地咳嗽起來。難受無比的巴卡莉頓時從昏厥中醒了過來。

直到這時，巴卡莉才知道她乘坐的飛機已經墜毀在了午夜的茫茫大海中。醒來之後，巴卡莉感覺到自己的身體正緩緩地向大海深處沉沒，求生的本能讓不會游泳的她拚命地擺動四肢。在四肢的拚命擺動中，她竟然神奇地浮出了水面。巴卡莉努力將頭抬出水面，希望能夠看到和她一樣還活著的人。然而，大風捲起的巨浪，使勁地衝擊著她的眼睛，漆黑的世界讓她根本就看不到任何別的人。

大海並沒有對這個剛剛從死神的魔掌中逃離的少女留情，海水以不可阻擋的速度捲向了她。冰涼的海水，帶著苦澀的鹽分衝擊著她的鼻子和嘴巴。在海水的衝擊下，巴卡莉的四肢越來越乏力，意識漸漸有些模糊。但強烈的求生欲望使她情不自禁地發出了呼救聲。可是茫茫印度洋上，在這片飛機墜毀的海域裡，又有誰能向這個不甘服輸的少女伸出援助之手呢？巴卡莉沒有想那麼多，她只想活下去，她不想就這樣被海水淹沒。她張開嘴喊道：「有人嗎？」「媽媽，你還活著嗎？」然而，漆黑的夜色裡，唯有風聲和浪聲進入到巴

卡莉的耳朵裡，再無其他人的聲音。巴卡莉感到絕望。

在絕望中，她的四肢越來越僵硬。漫過巴卡莉腦袋的海水，再次讓她嗆得十分難受。在這種難受的壓迫下，巴卡莉忍不住再次拚命地舞動四肢。她再一次依憑四肢擺動的浮力浮出了水面。浮在水面上的巴卡莉大口地呼吸著空氣。四周依舊一片漆黑，她什麼也看不到。在心境灰暗之時，巴卡莉想到了父母曾經對她說過的話：「無論你處於何種艱難的環境裡，千萬不要失去抗爭的勇氣。只要勇於抗爭，絕不放棄，上帝便一定會賦予你豐厚的回報！」想到這裡，她對自己說：「我決不能放棄，放棄不是巴卡莉的性格。」她心裡給了自己希望：要不了多久，人們就會發現她搭乘的這架客機失事，就會派出救援人員前來。只要等到了救援人員，她就可以活下去。

「媽媽現在怎麼樣了呢？」巴卡莉心想。隨即，她在心裡祝福：「媽媽一定會和我一樣好運的。」巴卡莉堅信，她的母親也和她一樣活著，只是洶湧的海水讓她們暫時無法碰面而已。她相信只要活下來，她就能和母親相遇。在這些思緒的促動下，巴卡莉原本有點慌亂的心漸漸平靜了下來：「掉進水裡，千萬不能慌亂。」如此一想，巴卡莉不再盲目呼救，也不再胡亂地舞動四肢消耗過多的體力，而是盡力讓自己不沉進幽深的海水裡。她明白，慌張只會讓情況越來越糟。老

第一輯　帶著夢想出發，我們才不會迷路

師曾經告訴過她：「在任何危難情況下，都必須保持一顆冷靜的心。」

「我絕不能放棄，絕不能放棄！」巴卡莉不停地對自己說。她的勇敢再一次感動了上天。在她艱難地與海水搏鬥時，伸手間不覺碰觸到了一個硬硬的漂浮物。碰到這個漂浮物後，巴卡莉趕緊雙手用力抓住了它。依託漂浮物的浮力，已經疲憊不堪的她得到了片刻的休息。如果沒有這個及時出現的漂浮物，或許再稍微後延一會兒時間，感覺有些筋疲力盡的巴卡莉就可能無力再堅持，從而葬身深不知底的大海。

心懷希望的巴卡莉，並不知道自己抓住的是個什麼東西。

事實上，此刻她抓住的是一個散落在海面上的飛機座椅。座椅的浮力讓巴卡莉疲軟的四肢暫時得到了休息。她緊緊地抓住漂浮物，將頭距離水面更高些。這樣一來，苦澀的海水便不能像開始那樣一下又一下地侵襲她的嘴巴和鼻子。

在巴卡莉有了可以藉助的漂浮物後，大海似乎很不服氣，憤怒起來，變得比剛才更加凶惡，捲起了更大的浪，一股腦兒地衝向了巴卡莉。在如此惡劣的大海裡，她能堅持住嗎？為了不讓疲憊的自己昏睡過去，巴卡莉不停地在腦子裡想一些開心的事情，想她和爸爸媽媽一起出遊的情景，想她和朋友們一起活動的場景……想起這些，巴卡莉心裡湧起了更加強烈的求生欲望。她想：「我一定要堅持下去，媽媽得救

後見不到我,那該多傷心啊!」

在苦澀海水的浸泡下,巴卡莉感到身上陣陣地刺痛,雙腿像在燃燒一般。她不知道的是,在這起空難中,她的身上多處被嚴重灼傷。在巨浪翻滾的大海上,身上多處灼傷的巴卡莉,能夠堅持到救援隊伍的到來嗎?

絕境完美求生

長時間被含有大量鹽分的海水浸泡,巴卡莉在墜機時灼傷的手感到一陣麻木。突然,一個大浪打了過來。巴卡莉手上一輕,漂浮物和她的身體脫離開了。同時,大浪的壓力也將她整個人按到了水下。之前睡意綿綿的巴卡莉,再次嗆進了大量苦澀的海水。她被嗆得難受無比,睡意也因此倏然而去。巴卡莉雙腳使勁一蹬,借力浮出了水面。

浮出水面後,巴卡莉做的第一件事情便是尋找那個漂浮物。她知道,不借用漂浮物的浮力,她很難堅持到救援人員的到來。幸好上天在給予了巴卡莉巨大的災難後,將運氣留給了她。她丟掉的漂浮物並未被大浪沖遠,就在她身前一公尺多的地方搖盪著。感覺自己全身就像要散架一樣的巴卡莉使勁地用手划水,靠近漂浮物,並緊緊地抓住了它。抓住漂浮物後,她長長地舒了一口氣。

儘管再次抓住了漂浮物,但巴卡莉知道,如果久等救援

人員不到,她的雙手肯定會在又飢又餓中力量盡失。真到了這個時候,即便面前放著一條船,她也會命喪大海。「如何才能讓自己和這個漂浮物牢牢地連結在一起呢?」巴卡莉突然想到了飛機失事前,她裝進衣袋裡的橙色綢繩。她騰出手去一摸,綢繩還在。巴卡莉掏出綢繩,而後又在漂浮物上摸到了一個突出的像把手一樣的東西。她用綢繩將自己的一隻手緊緊地從臂膀處綁在像把手一樣的東西上。隨後,巴卡莉嘗試著將另一隻手鬆開。當這隻手完全鬆開後,她的身體並沒有和漂浮物分離開。

經過這一番折騰,巴卡莉有一種筋疲力盡的感覺。看著茫茫的大海,聽不到一個人的聲音,她感到非常寂寞。此刻,巴卡莉好想躺在父母溫暖的懷抱裡。然而,猛烈的風浪聲,讓她的所有想法都成了空。巴卡莉感覺累極了,好想什麼也不想地睡過去。然而,疲憊不堪的她在閉上眼睛後,卻無論如何也無法入睡。大海裡的一切,讓她感到非常害怕。

在巴卡莉無比驚懼的狀態下,時間一分一秒地流逝。在她的等待中,天漸漸地亮了。看著從大海盡頭冉冉升起的太陽,巴卡莉生的希望更加猛烈地燃燒起來。她知道,天一亮救援人員才能更好地發現她。看著耀眼的橙紅色太陽,巴卡莉突然想到了衣袋裡還未用完的橙色綢帶。她將綢帶掏出來,將其一圈圈地解開,讓其漂浮在海面上,形成了數平方

公尺的橙色。喜歡看書的巴卡莉知道,在大海裡,橙色最是醒目,肯定最容易讓救援人員看到。

在巴卡莉等待救援人員的時間裡,飛機失事的相關資訊也迅速傳到了葛摩的相關部門,一場和死神賽跑的大營救迅速在葛摩和周邊國家展開了。誰都沒有想到的是,在印度洋上,一個 13 歲的少女正在苦苦地等待他們,並經歷著飛機墜毀後的又一驚魂時刻。

看著高遠的天空,巴卡莉心裡的恐懼消逝了很多。而此時,咆哮了一夜的大海也平靜了下來,海面變得十分安閒。不再被大浪推來推去的巴卡莉感覺舒服了一些。她盡力抬起頭,希望能夠在大海中看到能夠帶她脫離苦難的船隻。可她抬起頭來看到的一幕使她頓時大驚失色。在距離巴卡莉 20 多公尺遠的海面上,露出了數個背鰭。喜歡看動物節目的她知道,那是鯊魚。正如巴卡莉所想的,那的確是幾條鯊魚,它們被飛機失事後遇難者的血腥氣味吸引了過來。

看著遊蕩在周圍的鯊魚,巴卡莉恐懼萬分。她知道,一旦這些鯊魚對她展開攻擊,她肯定難逃一死。巴卡莉在心裡不停地祈禱:「上帝啊,請保佑我,讓這些鯊魚離開。」良久,遊蕩在她周圍的鯊魚並沒有攻擊她的意圖。在巴卡莉的不停祈禱中,鯊魚的背鰭漸漸地消失在了海面上。看著再次陷入平靜的海面,她知道,自己又一次度過了危機。巴卡莉

沒有想到的是,她用來發訊號的橙色綢繩救了她一命。在大海裡,有一種劇毒的海蛇,身體呈橙色。這種海蛇的毒對鯊魚的殺傷力非常大,而鯊魚也盡量對這種海蛇避而遠之。遊蕩在巴卡莉周圍的鯊魚,把那些橙色的綢繩當成了海蛇。

憑藉頑強的意志,巴卡莉堅持著。在條件惡劣的大海裡,她完成了一個成年人都幾乎不可能完成的事情。飛機墜海後第 2 日下午 5 時許,在大海上漂浮了 13 個小時之後,在人們對客機失事事故是否還有倖存者悲嘆時,葛摩救援隊伍在失事海域找到了巴卡莉。奇蹟般生還後,她被緊急送往了葛摩埃爾‧馬魯夫醫院。院方對其進行了全面的身體檢查,醫護人員驚奇地發現,巴卡莉身上除了幾處灼傷外,並無其他傷痕。面對這不可思議的奇蹟,醫護人員忍不住驚嘆:「巴卡莉的健康狀況良好,令人難以相信她在水中漂流了如此長的時間。」

帶傷的巴卡莉在法國官員陪同下乘坐一輛救護車離開葛摩埃爾‧馬魯夫醫院,在機場登上一架前往巴黎的專機。看到陪伴在身邊的父親卡西姆,死裡逃生的巴卡莉感到無比幸福。

對於巴卡莉能夠在客機失事 13 小時後奇蹟生還,有關專家分析道:「這是個奇蹟。導致這個奇蹟發生的,或許就因為巴卡莉還是個孩子,那個浮力並不大的客機座椅,剛好能夠

承受她的重量。而在茫茫大海中，她無意中用來求救的橙色綢繩，也使她避開了鯊魚攻擊。」

無論專家的分析是否正確，我們都應該為葉門空難中唯一倖存者巴卡莉歡呼。在這起客機失事中，其他 152 人全部遇難，而 13 歲的巴卡莉能夠在經歷災難後倖存下來實在是個奇蹟。其實，造就這個奇蹟的原因很簡單，那就是少女巴卡莉心中綿延不絕的對生的希望。

第一輯　帶著夢想出發，我們才不會迷路

別活在過去的讚美裡

最近很怕見朋友！你這麼告訴我。

你說沒做對不起朋友的丟臉事，也沒做見不得人的齷齪事。怕和朋友見面，是怕他們談起「你過去有多厲害」這類話題。

原本被人當面讚揚，不管怎麼說都該是件美事。如果時間倒退一些，這種美事你其實蠻喜歡的。因為多年前，你確也有著讓不少人羨慕的成功。在相當長時間裡，你喜歡枕在那些成功上，享受來自四面八方的讚美。

具體從什麼時候開始，害怕朋友們談論過去的那些成功事，你已經記不清了。但每次聽他們談起，都抑制不住心頭的酸澀，只能開口自嘲「好漢不言當年勇」。

但現實頗為殘酷，你與好漢相去甚遠。大概，就因為不是好漢，才害怕被朋友們提起過去吧。你的心越來越脆弱，越來越敏感——他們明裡說我「過去有多厲害」，是不是覺得我現在很普通啊。

不需要他人指出，你的確就是普通。但普通如你，也不願做個傻子，真以為自己有什麼了不得。即便有，那也屬於

遙遠的過去。現在，你如果有可以讓朋友們張口就來的成功，他們何需挖空心思找你過去的成功事來提啊。

人家談論你的成功往昔，怕也是出於無奈吧！這可能是一種禮貌，不過想多點不讓見面冷場的話題。再看看朋友們吧，不是這公司老闆，就是那企業老闆，甚至某局局長、某處處長。

這個世界上，當然是普通人居多。普通的方式有很多，比如普通的成功、普通的家庭、普通的工作等。但這些普通都不可怕，可怕的是普通者不知普通，平庸者不知平庸。有句話是這樣說的，不想當將軍的士兵不是好士兵。換言之，普通者不知普通，其實是沒有進取心，是自欺欺人。

想想吧，你到底要做哪類普通人，有個很關鍵的指標——在朋友們談及你過去的成功時，你會處在一種什麼心境裡。如果心安理得，那平庸就很正常，無為也很正常。活在過去的成功裡，你自然難以創造今天的成功。

莎士比亞說：「我們不要用過去的哀愁拖累我們的記憶。」它可以變成這樣一句話：我們不要用過去的成功，拖累我們今天本該取得的成功。

〈傷仲永〉這個故事，但凡讀過幾本書的人都知道。那個叫方仲永的神童最終一事無成，淪落為平庸之輩，實則因為他仰躺在過去的成功上，坐吃山空。

第一輯　帶著夢想出發，我們才不會迷路

　　過去是用來告別的，不是用來享受的。貪圖享受過去，結果只有一個——方仲永的例子生生擺在前面。

　　有一個人也許與你的經歷相似。他說，前幾天一位很久未見面的高中同學，輾轉各種線索加了他的社群帳號。在他通過申請後，同學說的第一句話就讓他心痛徹骨。同學說：「兄弟啊，終於找到你了，我埋頭苦讀、膽顫心驚時你已經展翅高飛了。現在飛更高了吧……」

　　他趕緊截住話頭，害怕同學再說下去。這位久未聯繫的同學，大概不太了解他而今的尷尬處境，才有了那般羨慕吧。但他還能不了解自己嗎？

　　朋友說，這些年，他雖然沒有枕著過去睡大覺，但無所作為也到了汗顏的地步。他害怕和朋友見面，其實是害怕回憶，回憶會讓他看到那個千瘡百孔的自己。

　　既然害怕回憶，那就學會忘記，不要再去回憶。巴爾札克說：「如果不忘記許多，人生無法再繼續。」只有拋開過去的自己，積極面對未來，現在的我們，才能真正走出鏗鏘的節奏。在這樣的節奏面前，周圍的人都會不由自主被感染，從而忽略你過去那些，不管是成功的事還是糗事。

　　英國有句諺語這樣說：「過去屬於死神，未來屬於你自己。」那就遠離死神吧！別給他人拿你過去的成功作話題的機會。

傾家蕩產打造「貪吃」夢想

「1,7,0」，呆望著這三個數字，老張心頭像壓了一座大山，苦不堪言。因為在數字後添上「萬」字，就成了他的欠債總額。從批發商坐擁數百萬身家，到欠債超過170萬，老張只經歷了短短兩年。

艱難走到這一步，並非他不善經營，也非他嗜賭成性，輸光家產，而是「貪吃」造成的。因為貪吃，老張把同袍偶然的一句話當成了夢想去追求，不惜傾家蕩產。

十多年前，老張是一名軍人。每次返鄉，他的隨身行李裡都少不了一個被他視若珍寶的包。一次，同座乘客指著那個包小聲說：「年輕人，隨身帶這麼多錢，你膽子太大了吧！」

不知怎樣回答的老張，在愣神片刻後，輕輕開啟了那個包。看著被開啟的包，乘客一臉驚訝：「這麼多煎餅！你賣煎餅的嗎？」

那人說對了一半，包裡裝的確實是厚厚一摞煎餅。但錯了另一半，老張不是賣煎餅的。不賣煎餅，帶那麼多煎餅乾嗎？這得從老張貪吃的嗜好說起。他從小愛吃口感筋道的煎

第一輯　帶著夢想出發，我們才不會迷路

餅。但入伍後，這個喜好很難及時滿足，部隊可不是想吃煎餅就能吃到的。為彌補一年半載吃不到的遺憾，每次返鄉，老張都會帶上一大包煎餅。

他帶去的煎餅，同袍們都搶著吃，稱讚有加。這讓他感到很自豪。但每次同袍們都意猶未盡，他們都覺得煎餅很好吃，但就是太少了，不過癮。老張解釋說：「煎餅都是手工烙的，一張張烙，很是費時費力。」有同袍插嘴道：「有煎餅機就好了，肯定比人工快。」

同袍的異想天開，讓老張心裡一動：「如果我能造出煎餅機，想吃煎餅按下開關就成了。」隨即他又覺得，「哪那麼容易啊！」

老張造煎餅機的夢想還沒來得及細想，便退伍並被分配到檸檬酸發酵工廠上班。但這個班，他只上了29天便成了失業者。老張不甘接受生活擺布，從做熟食、稻米等小生意開始，後發展為小批發商。但他並未滿足，接下來5年多，在誠信經營下，他成功代理10多個品牌，身家累積到了數百萬，成為聲名在外的百萬富翁。

一位同袍出差，老張以「地主」身分熱情招待了他。看著滿桌子豐盛的菜餚，同袍一臉懷念：「還是你當初帶的煎餅好吃！」

同袍的感嘆，條然間啟用了老張造煎餅機的夢想。這些

年,他貪吃煎餅的喜好從未斷過。而且他發現,周圍很多人都喜歡吃。但而今城裡人很少有烙煎餅的,大家都覺得麻煩費事。而在農村地區,煎餅大都是老年人在做,產量低,衛生也得不到保障。「如果有仿手工智慧煎餅機,一定會得到煎餅愛好者喜歡。」老張越想越興奮,覺得煎餅機大有市場。

隨後,老張走上了製造煎餅機的路。他和同袍合夥開了一家工廠,專門研究製造煎餅機。對從未搞過發明的人來說,想要憑激情搞出靈光一現的發明,這就像讓剛出生的嬰兒去和博爾特賽跑,結果可想而知。不管老張有多大激情,製造煎餅機的道路都充滿艱難坎坷。因為老張太專注煎餅機,他的小百貨批發生意便被擱置了,幾十萬庫存在倉庫裡發霉爛掉。即便如此,想起煎餅那讓人令人垂涎欲滴的味道,老張沒有任何止步的想法。

他的煎餅機製造廠聘請了一位工程師,還有18名工人。在總結改善烙煎餅的各個步驟基礎上,經過一次又一次嘗試,老張夢想的煎餅機終於造出來了。望著嶄新的機器,他彷彿看到吃貨們手拿煎餅機烙出的煎餅,美美品嚐的畫面。但理想很豐滿,現實很骨感,老張的興奮心情未能維持太久,便被沉重的現實打擊得體無完膚。

首批煎餅機投放市場後,並未贏來他預想中的喝采。不僅如此,賣出去的3臺6盤鏊子煎餅機還被全部退貨,直接

第一輯　帶著夢想出發，我們才不會迷路

損失超過40萬元。加上建廠、前期研究開發等費用，老張在將家產花個精光後，還欠下了170多萬元外債。厄運並未就此結束，看不到希望不想再虧下去的合作夥伴也退了股，工程師和工人盡皆辭職。原本熱火朝天的煎餅機製造廠，一夜間只剩下老張孤零零一個人。

看著空蕩蕩的廠房，他有些茫然：「我該怎麼辦呢？是回去經營批發，還是堅持造煎餅機的夢想呢？」轉身經營批發，沒有本錢；堅持夢想，又沒有資金，似乎走哪一條路都走不通。老張無所適從，下意識地將手放進了衣袋裡。

一張帶著熱氣的煎餅碰觸到了他的手。掏出那塊煎餅，他狠狠咀嚼著，味道依舊那麼美。頓時，老張堅定了主意：「這或許是天意吧！」

他決定孤注一擲，將最值錢的家產──那臺在剛上市就買下的轎車賣掉。一個人堅守在煎餅機製造廠，老張堅信會撥開雲霧見青天。他仔細研究之前生產的6盤鏊子煎餅機，並廣泛徵求退貨客戶的意見，發現了它們的最大問題：耗能高，效率低。這樣的煎餅機被嫌棄、被退貨，不怪客戶。找到癥結後，老張看到了勝利的曙光。

俗話說「功夫不負有心人」，在繼續堅持一年多，餓了吃煎餅、渴了喝自來水的情況下，老張終於造出了75公分單鏊子仿人工智慧煎餅機。新煎餅機克服舊煎餅機的問題，以耗

能低、效率高等優勢,贏得了客戶青睞。

老張煎餅機製造廠生產的 30 臺 75 公分單鏊子仿手工智慧煎餅機,一經投放市場便銷售一空,成了搶手貨,同時他還接到了大量訂單。未來,在老張的堅持下,露出了美麗迷人的笑臉。

因為貪吃煎餅,老張在同袍點撥下,靈光一現,萌生了製造煎餅機的想法,即便到傾家蕩產的地步也沒有放棄。最終,成功走向了他。

第一輯　帶著夢想出發，我們才不會迷路

挑戰不可能

0.3 秒，你可以完成什麼事情？

「我可以眨眼一次！」這可能是你的回答。但 0.3 秒，你真的可以完成一次眨眼嗎？答案是你不能，因為正常眨眼一次需要 0.4 秒。

但 20 歲的小唐，用眨一次眼都不夠的 0.3 秒在勵志節目中創造了一個奇蹟，成功挑戰逆風射箭項目。

順風射箭才射得更遠，才能更好掌握靶心，這種常識相信很多人都知道。但逆風射箭，風速不僅會阻礙箭矢前進，更會對箭矢方向造成阻礙。由此可見，逆風射箭難度極大。

但小唐要挑戰的不僅是逆風射箭。在她身前 25 公尺開外放著一個箭靶。箭靶和她之間，還有 4 臺正在旋轉的風扇。小唐要做的，是讓僅有的 3 支箭矢穿過正在旋轉並排成一線的 4 臺電風扇，還要命中靶心。3 支箭矢，表示她只有 3 次機會。據主持人介紹，4 臺電風扇轉動時形成的通道時間只有 0.3 秒。

小唐邁開步拉起弓弦，倏然射出了第一箭。只聽「砰」的一聲，箭矢落在了箭靶上。但遺憾的是，箭矢沒有射中靶

心,不算挑戰成功。在短暫失望後,小唐滿懷希望地射出了第二箭。

可是,第二支箭矢連電風扇也沒有穿過,就被旋轉的扇葉打落在地上。看著斷成幾截的箭矢,小唐頓時緊張起來。她上齒緊咬著下唇,不發一言,眼角閃著晶瑩欲滴的淚花。

小唐手裡還有最後一支箭矢。如果這支箭矢不能命中靶心,她的挑戰將宣告失敗。小唐會成功嗎?她能夠跨進勵志節目的「榮譽殿堂」嗎?小唐深吸一口氣,最後一次拉滿了弓弦。

挑戰大廳靜極了,只有扇葉轉動時產生的「呼呼」響聲。小唐像一尊雕像,站在4臺旋轉的電風扇前,紋絲不動,雙目一眨不眨地盯著前方的箭靶。良久,最後一支箭矢從她鬆開的弓弦上飛了出去。隨著「砰」的一聲悶響,25米外的箭靶上,正中靶心的箭矢輕輕顫動著⋯⋯

頂住巨大的壓力,用最後一支箭矢抓住0.3秒,小唐成功地將它射進了4臺旋轉的電風扇後的靶心裡。面對挑戰現場人們的熱烈祝賀,她的臉上露出了一絲會心的微笑。

小唐創造的奇蹟讓人驚嘆。但熱烈祝賀的人絕不會想到,眼前這位正露出甜美笑容的女孩,在鍾愛的射箭事業上曾遭遇過近乎毀滅性的打擊。

第一輯　帶著夢想出發，我們才不會迷路

　　小唐原是射箭隊的隊員，心懷世界冠軍夢想，期待有一天能在國歌聲中站到高高的頒獎臺上。然而，她的這個美好夢想卻被不幸受傷的肩部粉碎了。了解射箭的人都知道，對射箭來說，健康的肩部非常重要，健康的肩膀才能產生拉動弓弦的穩定力量。儘管非常不捨，小唐還是淚流滿面地選擇了退隊。

　　隨後一段時間裡，小唐陷入了惶惑迷茫中。一次，她看到一群孩子正不停地重複拉動弓弦瞄準箭靶，她心裡頓時一動，倏然想起曾經那個夢想。「我怎能這樣心灰意冷放棄夢想？」放下痛苦的小唐再次點燃夢想 —— 「我成不了世界冠軍，但我可以嘗試教世界冠軍。」

　　隨後，她應徵成了射箭教練。在教授學生時，為給學生們做示範，小唐強忍肩部疼痛，再度拿起了弓箭。心懷絕不放棄夢想的小唐，很快便成了最受學生們歡迎的老師。

　　聽聞節目的逆風射箭項目後，涉過失敗泥沼的小唐勇敢地走上了挑戰現場，並抓住那 0.3 秒的通道，跨進了令人豔羨的「榮譽殿堂」。

一顆豬心救活夢想女孩

「豬心」能成功移植到人體中並正常工作嗎？英國《每日快報》《太陽報》釋出的一則消息，讓這個問題擁有了一個肯定答案：英國西丹巴頓郡克萊德班克市金禧醫院的醫學專家們創造了一項醫學奇蹟，將一頭豬身上的心臟瓣膜成功移植到一位叫羅賓·凱爾尼的少女心臟上，讓她一度近乎失效的心臟煥發了活力，並使她以自信的姿態走上了伸展臺……

女孩患罕見心臟病

現年18歲的羅賓·凱爾尼住在英國格拉斯哥市魯查茲地區。愛美的她極喜歡伸展臺上踩著音樂節點窈窕而行的模特兒。名模喬丹是羅賓的偶像，夢想有一天自己也能像她那樣名滿天下。然而，上帝在賦予羅賓完美的體型後，卻在她的心臟上留下了遺憾：患有嚴重的心臟疾病，羅賓不宜過量運動，否則會危及生命。

患有心臟病的羅賓似行走在雷區一般，致命威脅可能隨時而至。因此，醫生向羅賓的父母提了兩點建議：一是在找到合適的捐贈心臟後給羅賓進行心臟移植手術，消除潛在的

第一輯　帶著夢想出發，我們才不會迷路

隱患，但實施這一手術風險巨大；二是務必降低羅賓的運動量，讓她不適宜過重負荷的心臟能夠處於相對平緩的狀態。可是實施心臟移植手術即便獲得成功，羅賓的胸膛上也將留下一個 10 多公分長的疤痕。因此，有著模特兒夢想的她拒絕接受手術。羅賓用溢滿悲傷的眼睛看著父母說：「身上留下如此長的疤痕，我還怎麼做模特兒？不能做喜歡的事，那樣的人生還有什麼意義！」

女兒眼睛裡的悲傷深深感染了羅賓的父母，但他們不想女兒身上背負一顆隨時可能引爆的炸彈。他們深情地看著羅賓說道：「親愛的，你不可以做模特兒。你的心臟不適合過量運動，而模特兒訓練卻極其辛苦。」來自父母的關懷讓羅賓感到非常幸福，但她神情堅定地說：「爸爸媽媽，難道你們不想女兒將最美的一面向世人展示嗎？我不能因為懼怕便選擇退卻，從而做個懦弱的人！」羅賓的堅持讓她一向開明的父母無可奈何，他們不能迫使女兒做不願意的事。

在父母的親情陪伴下，心懷夢想的羅賓報名參加了模特兒訓練班，毅然走上了形體訓練場。沉迷於做個名模的她，打算報名參加將在 2009 年底舉行的蘇格蘭「夢想女孩」模特兒大賽。陶醉在訓練的音樂聲中，她完全拋開了醫生的叮囑。身體偶有不適時，羅賓在心裡對自己說：「親愛的，你不能退縮，你一定會成功的。」對性格開朗訓練刻苦的羅賓，

訓練場上的其他女孩都非常喜歡。但誰都不知道，一臉陽光的她竟然患有罕見的心臟病。訓練之餘，心地善良的羅賓最喜歡和飼養的那頭叫艾莎的寵物豬玩耍。艾莎極通人性，每每看到她歸來，便會跑上前去用身體碰觸她修長的腿。而她也會玩性大發，將艾莎當成伸展臺下的觀眾，在牠面前走貓步。一想到自己的模特兒夢想，即使面對的是寵物豬艾莎，羅賓也走得有板有眼。正是這種絕對的認真態度，她成了模特兒訓練班裡最有發展潛質的一個。老師和同學們都相信，羅賓一定能在「夢想女孩」模特兒大賽中取得優異成績，未來更是能在強手如林的模特兒界裡占據一席之地。對此，自信的她從未懷疑過。

在羅賓把十二分的熱情投入訓練時，她父母一直擔心的事情最終還是發生了。2009年5月上旬的一天，羅賓在當地一個體育館鍛鍊身體，她突然感到頭暈目眩、全身乏力、呼吸困難。在過去的鍛鍊中，她偶有全身乏力，但都能在稍事休息後得到恢復。羅賓趕緊坐到一旁的凳子上。然而，情況並未像過去那樣得到緩解。隨後，和羅賓一同鍛鍊的朋友發現她嘴唇發紫，呼吸非常急促。頭暈目眩的羅賓感到面前一臉關切的朋友越飄越遠，意識漸漸不再屬於自己。朋友立即將羅賓送到了體育館附近的醫院，並緊急通知了她的父母。

接到羅賓朋友的電話後，羅賓的父母心急如焚，他們一

第一輯　帶著夢想出發，我們才不會迷路

直擔心的事情最終還是發生了。羅賓的父母匆忙趕到醫院時，經過醫生的緊急搶救，羅賓已從昏迷之中醒來。看著憔悴不堪的女兒，羅賓的母親握著她的手忍不住淚流滿面。羅賓輕輕地動了動被母親握著的手，一臉虛弱地說：「爸爸媽媽，你們別擔心，我一定會沒事的，我還要參加『夢想女孩』模特兒大賽呢！」一向反對女兒進行模特兒訓練的羅賓母親，哽咽著說：「親愛的，我們一定會前去參加的。」

聽過母親的話，羅賓安心地閉上了眼睛。無論怎樣，她都不能放棄她的夢想。

醫生告訴羅賓父母，他們女兒在鍛鍊時，由於運動量過大，致使患有嚴重疾病的心臟負荷過重，目前經過搶救已暫時脫離了危險。但這次發病讓她的心臟變得非常脆弱，必須盡快進行心臟手術，否則情況不堪設想。

醫生的告誡讓羅賓的父母心裡咯噔一下：「羅賓會接受實施心臟移植手術嗎？」看著病床上安然入睡的女兒，想到她面臨的危機，夫婦倆在心裡暗暗發誓：「無論如何也要讓她不再受到疾病的困擾！」

「豬心瓣膜」駐人體

由於搶救羅賓的醫院無法進行心臟移植手術，醫生建議羅賓的父母將其送到克萊德班克市的金禧醫院。金禧醫院位

於英國西丹巴頓郡，在心臟手術上獨樹一幟。在聽過醫生的建議後，牽掛女兒病情的父母立即將她送到了金禧醫院。想到女兒可能進行的心臟移植手術，擔心不已的父母忍不住暗自垂淚。他們很清楚心臟移植手術會讓患者承受巨大的風險，隨時都可能殞命在手術台上。然而，羅賓的這次暈倒讓夫婦倆明白，如果不及時進行心臟移植手術，她活下去的時日也是所剩無幾。

金禧醫院的心臟病專家克萊德爾教授對羅賓進行了全面的檢查，最後得出結論：病人患有罕見的心臟疾病——主動脈瓣狹窄（Aortic stenosis）及回流症，擁有一個先天性的二葉式主動脈瓣（bicuspid aortic valve）。這種心臟病意味著她的大動脈非常狹窄，流向大動脈的血液很可能會回流到心臟裡，從而導致心臟罷工，出現生命危險。羅賓的父母一臉緊張地看著克萊德爾教授說：「教授先生，羅賓是不是需要進行心臟移植手術？」

「患者的心臟病雖然極為罕見，但她只是心臟瓣膜出了問題，並不需要接受『換心手術』更換整顆心臟。」克萊德爾教授笑著說。隨後，他告訴羅賓父母，只需要將一個健康的心臟瓣膜移植到患者的心臟上，替換掉她失效的心臟瓣膜，以幫助她的心臟重新正常工作便可。

聽過克萊德爾教授的話，羅賓父母緊張的心情稍稍得到

第一輯　帶著夢想出發，我們才不會迷路

了緩解。按照教授所說，女兒的心臟疾病固然罕見，但並不難救治。正在夫婦倆感謝「上帝保佑」時，克萊德爾教授的神情突然變得嚴肅起來：「儘管心臟瓣膜移植手術並不難，但要尋找一個合適的人類捐贈者的心臟瓣膜卻非常難。」

羅賓的父母異口同聲地說：「把我的心臟瓣膜移植到羅賓的心臟上吧！」眼前這對愛女心切的父母，讓克萊德爾教授非常感動，但此法不可取。移植走了他們的心臟瓣膜，他們怎麼辦？隨後，長期進行跨物種器官移植研究的克萊德爾教授告訴夫婦倆，合適的人類心臟瓣膜不易找到，但可以採取跨物種器官移植，用動物的心臟瓣膜進行替代。在羅賓的父母欣喜若狂時，克萊德爾教授口中說出的可替代動物卻讓他們瞬間目瞪口呆。克萊德爾告訴羅賓父母，在找不到合適的人類心臟瓣膜的情況下，把豬身上的心臟瓣膜移植到羅賓的心臟上將是最行之有效的移植方式。

「我們怎能讓女兒的身體裡有動物的器官呢？」羅賓的父母都情不自禁地搖了搖頭。為了打消他們心中的顧慮，克萊德爾教授解釋道，跨物種器官移植的專業名稱叫做「異種生物器官移植」，對異種移植而言，最佳的動物選擇是豬，因為豬的心臟和人類的心臟大小差不多，且豬的代謝也與人類十分相似，如此一來，在成功移植後，可最有效地減少排斥反應，患者也不需要終身服用抗凝劑。在聽過克萊德爾教授的

解釋後,羅賓的父母依舊很難說服自己讓女兒接受豬的心臟瓣膜。同時,他們也知道,女兒羅賓更不會同意接受豬的心臟瓣膜,養有一頭叫艾莎的寵物豬的她,是一名喜歡動物的素食主義者。

在羅賓的父母猶豫不決時,克萊德爾教授說:「作為醫生,我不得不告訴你們,患者病情嚴重,必須盡快實施移植手術,而豬的心臟瓣膜是最容易找到的。」想到女兒躺在病床上的痛苦神情,夫婦倆最終無奈地同意了克萊德爾教授的建議。他們只希望女兒羅賓能夠好好地活著,不再接受心臟病的困擾。

正如夫婦倆所預料的,羅賓在得知自己的心臟上將移植豬的心臟瓣膜後,無論如何也不願意接受手術。她不願意接受手術,並非歧視豬,反而是因為她太愛豬,容忍不了將可愛的艾莎的同類的心臟瓣膜移植到自己的心臟上。同時,她知道,進行心臟瓣膜移植手術,必將在胸膛上開啟一個十多公分的傷口。這道怵目驚心的傷口,對心中有一個輝煌的模特兒夢想的羅賓而言是不可接受的。她害怕自己的模特兒之路就此走向夭折。

然而,老天留給羅賓的時間並不多。如果不及時進行心臟瓣膜移植手術,她因大動脈血液回流而變得無比脆弱的心臟隨時都有罷工的可能。克萊德爾教授多次催促羅賓的父

第一輯　帶著夢想出發，我們才不會迷路

母，讓他們盡快說服患者進行手術。

羅賓的母親緊握著女兒的手說：「親愛的，爸爸媽媽希望看到你好好活著！沒有了你，我們會孤獨的。」母親的話，像三分鐘熱風輕輕拂過羅賓的心，她感到鼻子酸酸的。看著病床旁一段時間來消瘦了許多的父母，她流著淚說：「我也想好好活著，但我不想移植豬的心臟瓣膜。」羅賓的父親說：「親愛的，移植什麼心臟瓣膜並不重要，重要的是你必須活著，只有活著才能做想做的一切，包括成為名滿天下的模特兒。艾莎不能沒有你，爸爸媽媽更不能沒有你！」

父母的話，讓幾天來因心臟病發而有些悲觀絕望的羅賓眼前出現了一縷明媚的陽光：「是啊，只有好好活著，我才能做想做的事！相信艾莎也會理解我的決定。」

遠離自卑勇敢圓夢

豁然開朗的羅賓對一臉殷切的父母輕輕點了點頭，以示同意。她知道，任何手術都沒有百分百的把握，都存在一定風險，更別說器官移植手術了。但多年來患心臟病所經歷的艱難，讓羅賓對即將進行的心臟瓣膜移植手術充滿了期望。

克萊德爾教授決定對羅賓實施心臟瓣膜移植手術。在手術實施前，他已經成功地從一頭自身沒有傳染病的豬身上獲取了可進行移植的心臟瓣膜。心臟瓣膜移植手術儘管並非高

難度手術，但異種生物器官移植，要求器官源絕不能得某些傳染病。一直以來，異種生物器官移植有個很大的風險，對器官接受者以及未參加器官移植的人來說都是一樣的，因為動物疾病病原體的傳染從來不會完，即便十分普通的感染的危險也是巨大的。鑒於此，長期研究異種生物器官移植的克萊德爾教授明白，即將進行的將豬的心臟瓣膜移植到羅賓心臟上的手術，依舊存在很多變數。將豬的心臟瓣膜移植到人的心臟上，是格萊德爾教授施行的第一例類似的異種生物器官移植手術。因此，這個看似並非高難度的手術極具現實意義，它將為心臟瓣膜疾病患者帶來福音。

在進行心臟瓣膜移植手術前，羅賓向父母提出了要求，希望看到她的寵物豬艾莎。臨進手術室時，想到自己的心臟瓣膜將被豬的心臟瓣膜所替換，羅賓用手輕輕地撫摸寵物豬艾莎的身體說：「艾莎，只要手術獲得了成功，從此以後，我們的連繫便更加緊密了。」艾莎彷彿能聽懂主人羅賓的話似的，在她的低語中哼叫了幾聲。羅賓的母親走到女兒面前說：「親愛的，我們會一直在手術室外等著你平安歸來。」望著父母，羅賓堅毅地點了點頭。

羅賓被醫護人員推進了早已準備好的手術室。此時，經過全身麻醉的她陷入了深度昏睡中。格萊德爾教授在羅賓胸部胸骨的正中線切開一條長約 15 公分的口子，接著中斷了心

臟的血液供應。正被施行手術的羅賓的血液,則透過人工管道被輸送到了心肺的旁路裝置。該裝置暫時代替了羅賓的心肺功能,維持血液的正常氧化和循環。隨後,格萊德爾教授切除了羅賓病變的心臟瓣膜,將早已準備好的豬的心臟瓣膜移植到她的心臟上。移植手術共進行了 3 個多小時,取得了圓滿的成功。

手術第二天,羅賓便脫離了呼吸機。從格萊德爾教授口中羅賓的父母得知,成功移植的這個豬心瓣膜,在女兒體內至少可以工作 20 年左右。到那時,羅賓將不得不再次接受心臟手術,往心臟上安裝一個機械瓣膜。不過,那是 20 年以後的事情了。

在這 20 年裡,移植的這個豬心瓣膜,將使羅賓和普通人無異地生活。看著病床上一臉安詳的女兒,夫婦倆忍不住相擁而泣。

格萊德爾教授的移植手術非常成功,羅賓在手術後,並未出現任何排斥反應,豬心瓣膜和她的心臟融合得非常好。兩個月後,羅賓奇蹟般地恢復了健康。「從今以後的 20 年內,你完全可以像普通人一樣生活,不用再擔心心臟病可能帶來的危險。」從格萊德爾教授口中得到的肯定答案讓羅賓興奮不已。她像一個快樂的天使一般站到了穿衣鏡前,看著鏡子裡依舊身材窈窕的自己,她從未磨滅的模特兒夢想再次

豐滿起來。羅賓情不自禁地拿出自己的時裝試穿起來。在她穿一件低胸的裙子時，突然看到了胸膛上的那道長達 15 公分的手術創痕。一向自信的羅賓頓時心情低落：「這樣長一道創痕，一定會影響我的整體形象。」想到那些名模擁有的完美體型，她情不自禁地流下了傷心的淚水，心裡隱隱有些自卑。

在羅賓傷心流淚時，艾莎衝到了她身旁，用身體碰觸她修長的腿。羅賓蹲下身體，伸出手輕輕地撫摸艾莎的身體說：「艾莎，我是不是不再適合做一個模特兒了？」寵物豬艾莎無法回答羅賓的疑問。「親愛的，你一定會成為最好的模特兒，只要你擁有一顆堅強的心！」突然，羅賓身後響起了母親的聲音。羅賓回過頭，發現母親正一臉期冀地看著她。她喃喃地說：「媽媽，我真的能嗎？」一向反對她做模特兒的母親堅定地點著頭。

幾天後，母親將蘇格蘭「夢想女孩」模特兒大賽的參賽證遞到了羅賓手裡。母親溫柔地說：「親愛的，你會成功的。沒有什麼能夠阻擋你。」

看著母親，羅賓的手輕輕地撫摸著胸膛上的創痕說：「謝謝你，媽媽。我想了想，能繼續過正常的生活，這是我的幸運。因此，我將盡力去做生活中的每件事情。」

第一輯　帶著夢想出發,我們才不會迷路

第二輯
放下包袱,勇敢為夢想開路

在追求夢想的道路上,我們最想要的是什麼呢?沒錯,是我們對奇蹟的渴望。其實,奇蹟一直都存在,等著我們去發現。但太多的思慮,讓我們忽略了原本存在的奇蹟。那麼,放棄沉重的思慮吧,為夢想開路。

第二輯　放下包袱，勇敢為夢想開路

普通人與盲人

　　兩個人到大山裡去，一個是普通人，另一個是盲人。

　　路上，普通人牽著盲人的手，普通人心裡被強烈的優越感所充滿。看看盲人那雙黯淡無神的眼睛，他愉快地想：「人生在世，有一雙明亮的眼睛真是太好了，可以看見想要看見的一切，可以發現新奇的事物。」普通人一邊向前走著，一邊給盲人描述著路邊的景色：「現在我們經過了一條兩旁開滿鮮花的道路，蝴蝶和蜜蜂在花叢間飛舞，小鳥在花的上空飛翔……」

　　「哇，上帝，這一切可真美好啊，可惜我看不見！」聽著普通人口若懸河的描述，盲人一臉的嚮往，難以掩飾心裡的遺憾。在普通人的描述中，盲人盡力想像著他們途經的所有美麗──鬱鬱蔥蔥的樹木，漫山遍野的野花，纖雲不染的天空，自由自在的飛鳥……

　　在盲人想像著無法看見的自然世界的美麗時，他聽見普通人發出了一聲尖叫。還沒有來得及做出反應，他就跟著一腳踩空的普通人一起掉進了一個深深的坑洞裡。幸好坑洞底部非常柔軟，兩個人才沒有摔傷。

普通人與盲人

山洞裡,只有從上方洞口射下來的那點亮光,這點亮光對於普通人來說,根本不夠明亮。洞底距離洞口很高,無論如何是爬不上去的。承受著黑暗的侵襲,普通人滿是恐懼地抱怨:「真是太倒楣了,怎麼就掉到了這裡。這洞的出口太高了,我怎麼才能出去啊?上帝啊,請幫幫我們吧!」

聽著普通人的抱怨,盲人除了剛才那騰雲駕霧般的感覺外,再沒有別的什麼體驗。「喂,老兄,別抱怨了,既然暫時爬不出去,不如安心地等待經過這裡的人救援吧!」盲人對普通人說。

雖然心不甘情不願,但普通人知道盲人說的是事實。隨後,普通人無奈地和盲人一起在洞底等待有人從洞口經過,只要有人經過,他們就有獲救的可能。隨著時間的推移,一天、兩天、三天……好幾天過去了,洞口都沒有人經過。

這個洞口所在的位置太偏僻了。漸漸的,洞底的黑暗越來越緊地壓迫著普通人。盲人呢?明白了怎麼回事後,儘管心裡也有些害怕,但是洞底的黑暗對他並沒有什麼負面影響。普通人遭受著黑暗的壓迫和飢寒的侵襲,生命終於走到了盡頭。摸著同伴的屍體,黑暗中的盲人執著地等待著奇蹟出現。

奄奄一息時,盲人終於聽到了洞口傳來的腳步聲,他拚盡全力地喊了一聲。盲人被人們救出了洞,普通人的屍體也

被拉出了洞。人們很奇怪,為什麼盲人能活下來,普通人卻先他而去呢?有人解釋說:「因為盲人看不見東西,早已習慣了黑暗的環境。而普通人被這種死寂的環境所壓迫,在身體沒有任何補給的情況下,經受著生理和心理的雙重壓迫,因此死去了。」

原來,盲人認為的缺憾救了他自己一命。人世間就是這樣,看似缺陷,往往可能是一種潛在的優點。

肺裡的冷杉樹

阿爾喬姆‧希鐸金（Artyom Sidorkin）經常覺得胸部很痛，並經常咳出血來。醫生診斷其患了肺癌，而且已經到了晚期。突如其來的打擊讓希鐸金曾一度陷入了痛苦的絕望中，喪失了活下去的勇氣。但來自家人和朋友的鼓勵，促使他最終走上了手術臺。在為他施行腫瘤切除手術時，眼前的景象讓醫生們大吃一驚，他的肺部竟然長著一棵已經 5 公分高的冷杉樹……

絕症降臨逃離等死

28 歲的希鐸金家住俄羅斯烏拉爾地區伊熱夫斯克市，是一家知名建築公司的設計師。三年前，在親朋好友的真誠祝福中，他和相戀兩年多的女友潘克拉托娃攜手走進了神聖的婚姻殿堂。

婚後，潘克拉托娃生下了一對可愛的龍鳳雙胞胎。看著一雙可愛的兒女，希鐸金渾身充滿了力量。「你可要做出一番不凡的事業來，才對得起所愛的人。」他對自己說道。此後他更加熱情地投入工作中，經由他主持設計的工程獲得

第二輯　放下包袱，勇敢為夢想開路

　　了俄羅斯多項建築大獎。在希鐸金準備再創輝煌時，不幸卻從天而降了。一段時間以來，他感到身體很容易疲勞，稍微用力便氣喘吁吁。希鐸金認為這是太勞累所致。可在降低勞動強度後，他的情況並未見好轉，而且他的肺部總是疼痛異常。希鐸金未將身體的不適告訴潘克拉托娃，他不想讓她擔心。

　　希鐸金肺部的疼痛越來越劇烈，甚至經常咳嗽出血。他被折磨得幾近崩潰，無奈地走進了伊熱夫斯克市醫院。弗拉迪米爾‧卡馬謝維醫生神情嚴肅地告訴他：「希鐸金先生，在給你拍的 X 光片，我們發現你的肺部有一個疑似腫瘤的東西。」希鐸金難過地問：「難道我患了肺癌嗎？」卡馬謝維醫生說：「根據你肺部那塊像腫瘤的東西的大小推測，你可能是肺癌晚期。我們可以進行肺部腫瘤切除手術，但這個手術風險很大。」

　　聽了卡馬謝維醫生的話後，希鐸金臉色蒼白。他很清楚肺癌晚期意味著什麼。即便手術，也不過是多活數月而已。不僅如此，在化療和手術治療時，他也會被折磨得不成人形，還會帶給家人巨大的痛苦。沉思良久，希鐸金決定：「無論如何，我都不能讓他們知道自己患了肺癌。」

　　希鐸金心裡很清楚，無論如何遮掩，在病情惡化後，他

也將無法再隱瞞。看著玩得不亦樂乎的兒女和做家務的妻子，他有了想法：「躲到一個無人認識的地方，悄悄結束自己的生命吧！」

希鐸金對潘克拉托娃突然厭煩起來，總是挑她的毛病。潘克拉托娃很詫異：「親愛的，你怎麼了？」面對妻子質疑的目光，希鐸金心裡很難過。

潘克拉托娃不知道的是，這一切都是希鐸金離家前的小伎倆。他把自己扮演成一個無理取鬧的人，是為了在妻子心裡留下壞印象，如此一來，在他離家後，她不會太傷心。事情按照希鐸金的計畫一步步實現著。在夫妻二人又一次爭執後，希鐸金提著行李離家出走了。

他來到了圖阿普謝市療養院。圖阿普謝市療養院的風景極為優美。希鐸金來到這裡，是希望生命最後的時光能多一些美好的記憶。他打算在這個地方住上一段時間，而後選擇自殺。他不想看到自己被癌魔折磨得不成人形的樣子，即便死，他也要死得好看一點。

希鐸金沒有想到的是，在療養院裡，他碰到了一個叫索拉圖娜的女人。這個身懷六甲的女人，將他從死亡線上拉了回來。

第二輯　放下包袱，勇敢為夢想開路

誓與癌魔打場攻堅戰

在圖阿普謝市療養院，希鐸金將自己關在了房間裡。他心裡非常沉重，不知道自己的突然離開會帶給妻兒什麼後果，但他不想他們眼睜睜地看著自己死亡。

療養院的優美景緻未能讓希鐸金心情好起來，他無法不思念妻兒。在思念中，他的肺部疼痛加劇。看著咳嗽帶出的血絲，他感覺自己大限將至。望著遠處山頂上的積雪，希鐸金被強烈的挫折感所占據，內心有一股跳下懸崖的衝動。但腦子裡不時閃現出的妻兒笑臉又讓他下不了這個決心。再又一番難受的咳嗽後，希鐸金嘆了口氣。

「先生，您能扶我回去一下嗎？」身後突然傳來的話語，讓希鐸金從迷茫中暫時清醒過來。他回過頭，看見一個孕婦正一臉微笑地望著他。對此，他無法拒絕。在扶孕婦時，希鐸金知道她叫索拉圖娜，是一位先天性心臟病患者。

希鐸金知道，患有心臟病的女人懷孕非常危險。妊娠和分娩對她們而言是嚴峻的考驗，因為這極有可能引起她們脆弱的心臟心力衰竭。發現他疑惑的眼神，索拉圖娜頓時洞悉了他的內心所想。看著希鐸金，她笑著說：「很多人都勸我不要拿生命開玩笑，但我還是堅持要懷孕。醫生並未完全否定我的懷孕計畫，只是說這樣危險很大。我不能因為危險就選

擇逃避。我太想做一個母親了，太想和丈夫有一個屬於我們的孩子了。」

索拉圖娜目光中的堅毅，不覺間讓希鐸金心裡一顫。她還告訴他，她來到這家療養院懷孕，是因為她不想生活中朋友的擔憂干擾她，她要讓自己保持一種平和的心態。望著希鐸金，索拉圖娜一臉幸福地說：「我從不覺得懷孕會給我帶來危險，我一直想著自己肚子裡孕育著一個天使。」

索拉圖娜對危險的那種坦然心態，在不知不覺中感染了希鐸金。他知道，儘管索拉圖娜描述得極輕鬆，但實際懷孕中的艱難一定遠超出了他的想像。希鐸金情不自禁地想到了自己的肺癌，以及得知肺癌後的消沉心態。他自嘆不如，可是心裡依舊固執地不願意讓妻女眼睜睜地看著自己走向死亡。

希鐸金和索拉圖娜成了朋友。索拉圖娜告訴他，她的預產期還有三個月。望著湛藍的天空，索拉圖娜一臉期盼：「真希望早日見到我肚子裡孕育的這個天使。」希鐸金心想：「她身體裡孕育的是天使，那麼我身體裡孕育的便是魔鬼了。我怎麼能讓魔鬼操縱我的生命呢？」不知不覺中，他被樂觀積極的索拉圖娜所深深感染，漸漸積極起來。看著眼神憂傷的他，索拉圖娜一臉關切地問：「希鐸金先生，請原諒我的好奇。我想知道，你為什麼一直都心事重重呢？」

第二輯　放下包袱,勇敢為夢想開路

　　被肺癌晚期壓得疲憊不堪的希鐸金,面對索拉圖娜的追問終於敞開了心扉。他將一切都說了出來。對於他的逃避,希鐸金一直認為自己是因為太愛妻兒,太顧及他們的感受。但在聽過他的敘述後,索拉圖娜一臉嚴肅地說:「希鐸金先生,原諒我的直接。我不認為你離開你的妻子和孩子,選擇一個人孤獨地走完最後的生命,是愛他們的表現。相反的,我認為你很自私。」

　　索拉圖娜毫不留情的話語,頓時讓希鐸金啞口無言:「我……我……」半晌,他不知道如何辯駁。面對他尷尬的神情,索拉圖娜追問道:「你想過你獨自離家後,你妻兒的感受嗎?你想過他們得知你死亡的消息後會何等傷心嗎?」索拉圖娜的一句句追問,像一把把重錘一下下地擊打在希鐸金的心上:「我想過嗎?我真的很自私嗎?」

　　看著希鐸金不知所措的樣子,索拉圖娜緩和了口氣:「希鐸金先生,沒有嘗試治療,你怎麼知道自己的肺癌就真的不能治療好呢?這個世界上,有很多我們認為不可能的奇蹟發生。」索拉圖娜的話頓時解開了希鐸金的心結:「醫生並沒有說不可治療,我怎麼就選擇了自我放棄呢?」希鐸金緊緊握著索拉圖娜的手說:「謝謝你,我不會再放棄了。」

　　這時,索拉圖娜從身後拿出了一張《伊熱夫斯克信報》說:「你看看這上面吧!」打開報紙,希鐸金在報紙的第二版

看到了一則尋人啟事，而主角便是他自己。妻子潘克拉托娃寫道：「親愛的，我和孩子們等著你歸來，讓我們一起去抗爭病魔，創造奇蹟！」在希鐸金突然離家後，想起他一段時間來的反常行為，深知他性格的妻子潘克拉托娃知道在他身上一定發生了什麼事，在整理希鐸金的房間時，她發現了那張醫院的診療通知單。

想到妻兒在家焦急地等候他，希鐸金歸心似箭：「我要回家，和他們一起抗爭癌魔，和不可一世的癌魔打場攻堅戰。」

希鐸金離開療養院時，索拉圖娜也正準備離開回家待產。兩人約定，如果他們都順利地度過了難關，便帶著家人到圖阿普謝市療養院來，共同慶祝他們取得的成功。

峰迴路轉戰勝絕症

希鐸金回到家，看著兒女那稚嫩的臉蛋以及蹣跚著跑過來的身影，忍不住淚流滿面。妻子潘克拉托娃哽咽著說：「親愛的，回來了就好。無論面臨什麼困難，我都會堅定地站在你的身邊。」

聽過妻子的話，希鐸金為當初的那個輕率決定後悔不已。「有這樣好的妻兒在身邊，我怎能輕易選擇放棄呢？」他堅定了信念：一定要在親人的支持下，積極配合醫生治

第二輯　放下包袱，勇敢為夢想開路

療，戰勝癌魔。

消沉了好幾個月的希鐸金，在妻子潘克拉托娃的陪同下，再度來到了伊熱夫斯克醫院。卡馬謝維醫生為他進行了電腦斷層掃描（computed tomography scan）、支氣管鏡檢查（Bronchoscopy Examination）、經皮肺穿刺活檢（percutaneous transthoracic lung biopsy）等檢查。望著親密相依的希鐸金夫婦，卡馬謝維醫生說：「希鐸金先生，我不得不遺憾地告訴你，你肺部的腫瘤又長大了一些。」

卡馬謝維醫生的話並未讓希鐸金吃驚，對此他早有心理準備，但無論是哪一種結果，他都不會選擇逃避，而是勇敢地面對，和癌魔做積極的抗爭。妻子潘克拉托娃在丈夫臉頰上輕輕一吻道：「親愛的，我永遠和你在一起。」

希鐸金夫婦的坦然表情，深深地感染了卡馬謝維醫生。沉思片刻後，他寬慰道：「類似的情況我已經見過幾百例了。我考慮給你施行肺部腫瘤切除手術。」聽過卡馬謝維醫生的話，希鐸金提出了自己的疑問：「聽說肺癌晚期不適合手術治療，只適合保守的化療？」

卡馬謝維醫生笑著告訴他們，在過去，對於肺癌晚期病人，大多數醫生會主張放棄手術治療，但近來一些新的心血管外科技術，如微創技術、介入技術等被廣泛用於肺癌外科，使一些過去被認為不能施行手術治療的肺癌晚期病人，

透過手術治療或者經過腫瘤減積手術，也可以得到長期存活。卡馬謝維醫生還告訴希鐸金夫婦，切除肺部腫瘤只是治療肺癌的第一步，為了避免癌細胞的進一步擴散，手術之後還需要進行漫長的化療。卡馬謝維醫生的講解，讓希鐸金看到了戰勝癌魔的希望。

希鐸金的肺部腫瘤切除手術進入了倒數計時階段。一天，希鐸金在潘克拉托娃的陪同散步時，他接到了來自索拉圖娜的電話。在電話裡，索拉圖娜興奮地告訴他，幾天前，她在醫院剖腹產下了一個女嬰，而且母女平安。索拉圖娜的來電，讓深知她個人情況的希鐸金興奮不已。他相信，已經無所畏懼的他，一定會和心臟病患者索拉圖娜一樣，跨過生命最艱難的這段路程。

幾天後，卡馬謝維醫生決定對希鐸金施行施肺部腫瘤切除手術。在被推進手術室前，潘克拉托娃緊緊地握著手術床上的他的手說：「親愛的，我們一定能夠戰勝癌魔。我和兩個孩子在手術室外等著你凱旋。」看著一臉熱切希望的妻子，希鐸金目光堅定地說：「親愛的，我不會輕易放棄的。相信我，我一定會成功的。」這時，雙胞胎兒女親吻著他瘦削的臉頰，用稚嫩的嗓音說：「爸爸，你要帶我們回家！」

看著天使一樣的兒女，希鐸金在心裡對自己說：「為了你所愛的人，千萬不能放棄。」

卡馬謝維醫生開啟了希鐸金的胸腔，眼前的一幕讓他驚呆了：希鐸金肺部原本被認定的那個「腫瘤組織」，竟然像是長著葉子的杉樹。希鐸金不敢相信自己的卡馬謝維醫生以為自己產生了幻覺，趕緊叫來助理一起檢查：「快過來看，我想我們在他肺裡發現了一棵杉樹！」助理和在場的其他醫務人員看過後都大吃一驚。

眼前這棵類似杉樹的「腫瘤組織」，讓卡馬謝維醫生判定，希鐸金的肺癌很可能就是這東西引起的。隨後，他小心翼翼地將扎根在希鐸金肺部的東西取了出來。卡馬謝維醫生找來相關專家希鐸金進行判定，大家一致認為：這是一棵長達 5 公分的冷杉樹，患者咳血是因為小樹針葉刺破了微血管引起的。這說明希鐸金根本沒有患肺癌，一切病理特徵都是這棵小冷杉樹引起的。

得知手術結果後，希鐸金夫婦興奮不已，沒有患肺癌便不用擔心癌細胞的擴散。在夫婦倆為病情的峰迴路轉興奮時，關於這棵冷杉樹如何進入希鐸金肺部，卻在俄羅斯醫學界引起了激烈爭論。大家都認為，5 公分的冷杉樹太大了，希鐸金無法將其吞嚥下去，那麼只有一種可能：希鐸金可能不知在什麼時候吸進了一粒冷杉樹的種子，這粒種子隨後在他的肺臟裡生根發芽，並長成一棵小冷杉樹。令科學家們感到不可思議的是，從希鐸金肺部取出的冷杉樹竟然是活著的。

在潘克拉托娃的建議下,希鐸金從院方取回了那棵出自自己肺部的冷杉樹。為了紀念這段奇特的生命經歷,他將這棵小冷杉樹移植到了家中的後花園裡。春暖花開,希鐸金和那棵正茁壯成長的冷杉樹都感受到了融融春意。看著搖曳在風中的冷杉樹,希鐸金感慨萬千:「如果當初選擇了放棄,我和這棵冷杉樹都將消於無形!」

第二輯　放下包袱，勇敢為夢想開路

失敗時不要輕言放棄

　　少年時代，我和一個非常要好的朋友都喜歡寫作。我們擊掌為誓──要一直堅持下去，將來成為叱吒風雲的文壇大人物。剛開始，我和朋友都勤奮練筆，沒想過投稿發表。朋友文筆不錯，比我出色許多。後來，我和朋友都產生了投稿衝動，想讓自己的文字變成鉛字。文筆一向遜色於朋友的我，並沒有作品能夠迅速得到發表的奢望。朋友和我心思完全不同，他看著報刊上那些文章豪氣沖天地說：「這些真差勁，我們的作品投出去保管讓編輯大吃一驚，乖乖給我發表出來。」

　　我和朋友開始了投稿行動。對於投稿不能發表，我早有心理準備，心想權當試一試吧。而豪氣沖天的朋友卻不這樣想，投第一篇稿件時，他便深信不疑，認為自己的作品一定能夠發表。天有不測風雲，朋友的如意算盤最終落空了，他的作品沒有發表出來。朋友對我說：「那些報刊編輯真不識貨，居然連我這樣的好文章也辨別不出來。」接下來，朋友又投了幾篇稿子，結果仍然和第一篇投稿沒有區別。在朋友抱怨編輯不識貨時，對失敗看得很淡的我以風輕雲淡的心

080

態，堅持著投稿之舉。

隨著一次次投稿，我和報刊編輯有了交流，聽著他們的指正，我的寫作功力有了進步提高。而此時，心比天高的朋友在數投不中後，心態越來越毛躁起來。在又一次投稿杳無音信後，朋友終於忍不住大發雷霆，將所寫那些文章全部扔掉，心灰意冷地說：「從今以後，我再也不寫這些令人生厭的文字了。」我勸朋友，讓他不要放棄，告訴他心急吃不了熱豆腐，堅持下去就一定會有收穫。但朋友並沒有聽我的勸告。

我為朋友放棄那麼好的文筆感到惋惜，而我依舊堅持寫稿、投稿。朋友擱筆大半年後，我的一首小詩在一家雜誌上登了出來。這只有十多行的小詩給了我強大的信心。在接下來將近一年時間裡，我再也沒發表隻言片語。儘管如此，我依舊沒有打算放棄。幾年之後，我因為寫作上的成績免試進入了一所好大學，又因為寫作，在大學畢業的時候進入了一家報社做編輯記者。如今，我依舊筆耕不輟，雖沒有成為文壇叱吒風雲的人物，但每個月還是有大量文章見諸報刊。

不久前，我又見到了那位朋友。朋友在感嘆我取得的寫作成績的同時，後悔地說，當初真不該放棄手中的那支筆，僅僅因為幾次投稿不中便做出了輕率的決定。

聽過朋友的話，我不禁想到了這樣一個年輕人。冬天到

第二輯　放下包袱，勇敢為夢想開路

了，年輕人冷得直發抖，受不住寒冷的他，躲進樹林砍一些枯樹枝取暖。樹林裡的枯樹枝太多了，年輕人很高興，砍到了足夠他一冬取暖的木柴。春天到了，年輕人又走進了樹林，卻意外地發現那些被他砍了的枯樹枝從斷裂處長出了嫩綠的新芽。看著這些新芽，年輕人感到很納悶。這時，一位老人走過來對年輕人說：「請記住，不要在冬天砍樹，那時樹木落盡了葉子，讓你看不到生機存在。」

其實，老人的話又有另一重意思，那就是當你處在灰心失意的時候，不要輕易做出什麼決定，因為這個時候的你看不到光亮。而我那位喜歡寫作的朋友，僅僅因為幾次投稿的失敗，便輕率做決定，結果犯下了和那位冬天裡砍樹的年輕人一樣的錯。

提前了一站下車

妻子喜歡陶瓷製品，一直很想要個陶花瓶，好放在她畫室的展示臺上，並為其預留了位置。遊歷了很多裝飾品商店以及專門的陶瓷品市場，她的夢想總是落空。為此，每看到畫室展示臺上那個空位，妻子便忍不住鬱鬱寡歡。

一個週六晚上，應朋友之邀，我和妻子一同前往其新家做客。公車上人聲鼎沸，報站聲很難聽清。我與妻子聊得正開心，漏了從人縫裡擠過來的「下一站」，鑽進耳朵的只有朋友居住地的站名。拉著妻子的手，我們急匆匆擠下了車。下車後，才發覺提前了一站。

我和妻子沒再坐公車，決定步行完成餘下幾百公尺。這個決定，讓我們走進了一個繁華的夜市。在朋友居住地公車站和我們提前下車的公車站間的人行道邊，擺放著各式各樣的商品，舊書報、光碟、家用小器具等，琳瑯滿目。逛夜市的人比較多，穿行在喧囂的人群中，對「尋寶」很感興趣的妻子滿臉興奮。家裡閣樓上擺放著妻子尋來的很多東西，她將這些東西分門別類，驕傲地說這全是她的寶貝。起初，我很煩惱妻子這個嗜好。但後來，家裡偶爾急需的器具，妻子竟

第二輯　放下包袱，勇敢為夢想開路

然能從尋來的寶貝裡找到，我便釋然了，甚至感謝上天讓我擁有一個會「尋寶」的妻子。

穿行在夜市裡，不時有興奮的叫聲傳入我的耳朵。我明白這叫聲的含義，又有人找到需要的東西了。突然，妻子在一堆陶瓷製品前停了下來，目露喜色。順著妻子的目光，我看見昏黃的燈光下，一個陶瓷花瓶泛著幽暗的光澤，擺放在一堆陶瓷製品中間。妻子眼睛裡的喜悅讓我知道，這正是她夢想已久的東西。妻子蹲下身，小心翼翼拿起它，像捧著寶貝一樣，生怕掉到地上。

經過討價還價，妻子最終以 40 塊錢的價格將花瓶買下了。在接下來前往朋友家的路上，妻子興味盎然地說：「這個陶瓷花瓶，插上一些花瓣較大的花，肯定很漂亮！」

妻子的話勾起我對她一直夢想要個陶瓷花瓶的思緒。40 塊錢便圓了夢，這真是一筆划算的買賣，是個意外的驚喜。看著我，妻子開心地說：「老公，今天真得感謝提前了一站下車，要不我的陶瓷花瓶不知在什麼地方才能找到。」

妻子話中的「提前了一站下車」，激發了我的萬千思緒：真是因為提前了一站下車，她才圓了夢想。如果今天沒有提前一站下車，我們就不可能邂逅這個夜市，不可能邂逅這個陶瓷花瓶。

提前了一站下車

　　從「提前一站下車」，到邂逅妻子夢想已久的陶瓷花瓶這件事，我突然想到了人生。人生就像坐公車，沿途總有很多站，在哪一站下車，我們總是事先給自己定好，而對於下錯車則耿耿於懷。其實，偶爾下錯車並非壞事，它可能讓我們在慣常的生活裡擁有意外的驚喜。

第二輯　放下包袱，勇敢為夢想開路

別總盯著自己的缺憾

　　最開始寫作文那陣子，我能夠靈活運用的字詞比較少。這樣一來，我的作文總是被連篇的錯別字包圍。每每拿著發下來的作文字，看著裡面被老師特別批註的大量錯別字，我的心裡都非常難受。於是，接下來再寫作文的時候，我總是提心吊膽地害怕又寫了錯別字，又讓老師用紅筆進行批註。因為有了這樣的擔心，再次寫作文的時候，我的思路便無法順利展開，總不知道該寫什麼才好。往往是老師要求寫 800 字的作文，我短短 300 字就寫完了。當然這樣一來的結果是，我作文裡的錯別字大大減少了，但文字表達顯得十分拘謹。

　　一天，語文老師把我叫到了辦公室。在辦公室裡，老師笑瞇瞇地問我：「你的作文怎麼總是無法寫滿規定的字數啊？」

　　我紅著臉告訴老師：「我覺得沒有什麼可寫的。」

　　隨後，老師又問我為什麼沒有可寫的。想想自己寫作文時，老擔心寫錯別字的情況，我就直接說出了這個原因。聽過我的話後，老師一雙眼睛意味深長地看著我說：「你肯定

能夠寫滿規定的字數,但是你必須忘記錯別字。寫作文的時候,因為你老是心裡想怎麼避免少寫錯別字,結果就限制了你的思維。」我聽信了老師的話,在之後寫作文的時候,不再想什麼錯別字的事情,我的思路竟然擴展到了我自己都感到驚訝的地步。漸漸地,我竟然陶醉在了作文世界之中。後來,我成了班上第一個作文變成鉛字的人。再後來,我的作品大量地出現在各地的報刊上,我被人稱為了作家。

而今,我再也沒有被錯別字局限過思維了。在寫作的時候,雖然依舊難免有寫不出來的字,但我並不因此停留太久,而是在寫不上出來字的地方畫一個圈。後來,我看了美國著名歌手卡絲‧黛利的故事。

卡絲‧黛利有一副天生的好歌喉,然而卻長著一口齙牙。這讓她感到很苦惱,總擔心把嘴張得太大,讓人看到了她的齙牙。在成名前,卡絲‧黛利參加過好幾次演唱大賽,其結果都因為她在唱歌的時候老想著牙齒的事情,而發揮欠佳,表現平平。在又一次大賽前夕,一個一直很欣賞卡絲‧黛利甜美嗓音的評委找到了她,對她說:「你肯定能夠成功,前提是你必須忘記你的牙齒!」卡絲‧黛利聽了那位評委的話,結果在這次大賽中一唱成名。

我沒有卡絲‧黛利出名,但是我在寫作上小小的成就和她獲得的巨大成功相比,都有一個共同點——忘記缺憾。我

第二輯　放下包袱,勇敢為夢想開路

忘記自己老愛寫錯別字的缺憾,而卡絲‧黛利忘記的是牙齒是齙牙的缺憾。生活中,一個人不可能是完美的,總是難免會有各種缺憾。在這種情況下,我們應該怎麼辦呢?答案其實很簡單,那就是忘記缺憾,專心做自己要做的事情。想想吧,道理其實很明顯,如果我們老讓思想停留在缺憾裡,難免會限制了思維,從而影響個人的發揮。

成功其實很簡單,有些時候就只是要你忘記自身的缺憾,就像我寫作時候忘記自己的錯別字一樣。

有些放棄是為了更好地獲得

時間很快便進入到了高三下學期，但是我的學習成績依然沒有任何起色。我知道，憑藉自己目前的成績，要想考上大學，除非奇蹟降臨，否則根本不可能實現。基於這種情況，我不得不為自己的將來打算。

我的學習成績之所以很差勁，主要原因在於我幾乎把全部心思投入到了自己熱愛的寫作中。我發自內心地喜歡文學，希望能在上面有所發展。對於我的勤於寫作，上天給予了我豐厚的回報。那時，我已經在各地幾十家報刊發表了上百篇文章，多家報刊介紹過我的個人寫作事蹟。寫作上，我在校園文壇小有名氣，但學習成績卻一塌糊塗，每次考試都是吊車尾。正所謂一心不可二用，有所得便會有所失。直到進入高三，我才感覺到學習的迫在眉睫。然而高三的幾次模擬考，我的成績都羞於見人。有什麼辦法呢，以前拖欠得太多了。就在我為自己的將來發愁時，在一張青少年報紙上，我發現它們正在應徵編輯。應徵啟事沒有文憑限制，只說熱衷於編輯事業，有比較扎實的寫作功底。這不正符合我的要求嗎！我很快寄去了自己的應徵信。高中三年，我在這家報

第二輯　放下包袱，勇敢為夢想開路

紙上發表過十多篇文章，我的應徵信很快有了回音，說我可以到該報工作，但是因為現在的編輯業務繁忙，我必須馬上前往。對自認為升學無望的我來說，對這家青少年報紙的知遇，當然是喜不自禁，況且它們開出的薪資待遇在當時來說相當優厚。看著回信，我在心裡想，反正自己都考不上大學，剩下的幾個月待在教室裡也沒有什麼用處。於是，我向學校教務處遞交了退學申請。我可不想大學讀不了，那份工作也丟了。

向學校教務處遞交退學申請後，我便開始整理行裝，準備出發到那家青少年報紙。我想自己熱愛寫作，報紙工作剛好適合。就在心情激動時，一向對我的寫作頗為讚賞的教務主任找到了我。問過我的情況後，教務主任看著我說：「我講個故事給你聽吧。如果在聽過這個故事後，你還是堅持要退學，我不會阻攔你。」

教務主任講的是亞歷山大的故事。古希臘弗里吉亞國王戈耳狄俄斯（Gordius）以非常奇妙的方法，在戰車上打了一個結。戈耳狄俄斯預言：誰能開啟這個結，誰就可以征服亞洲。一直到西元前334年，還沒有一個人能成功地將繩結解開。這時，亞歷山大率軍侵入小亞細亞，他來到戈耳狄俄斯結前，不加考慮，便拔劍砍斷了繩結。後來，他果然一舉占領了比希臘大50倍的波斯帝國。

有些放棄是為了更好地獲得

講完這個故事後,教務主任問我:「你知道亞歷山大為什麼能夠獲得成功嗎?」

我搖了搖頭。

「因為他捨棄了傳統的思考方法。其實,戈耳狄俄斯繩結是一個死結,除了用劍,沒有其他辦法可以開啟。」教務主任看著我,語重心長地說,「現在你還想退學嗎?」

「讓我想想吧!」我心裡五味雜陳。「好好想吧。」教務主任拍拍我的肩膀說。

接下來,我認真地想了自己退學任職編輯的事情。在思考的過程中,我突然發現,自己前些日子所謂的努力,其實不是真正的努力。因為當時我想,即便考不上大學,憑藉自己的寫作功底,要找碗飯吃還不容易?因此我的努力裡便摻雜了很多水分,沒有背水一戰的決心。我明白,教務主任是要我學會放棄,不要被眼前那個編輯的職位所誘惑。我在心裡做出了決定,即便這樣會遭遇失敗,也要選擇最佳的失敗方式 —— 那就是我努力過。之後,我丟開一切雜念,一心投入到了學習中。再之後,也許是上天感動了我的放棄,餽贈了我一份免試進入某大學深造的機會。當然,免試是因為我的寫作成績。

在大學裡,我學到了很多東西,寫作上也有了長足的進步。大學畢業後,我找到了一份比原來的編輯工作好出許多

的工作,而那家青少年報紙卻因為經營不善停刊了。

　　高三那年的放棄,給了我的生命一個更美麗的世界。從這件事上,我也明白到了,在人生某些特定的時刻裡,只有勇於放棄,才有機會獲得更多。

你會讓上帝害怕嗎

一天，閒來無事的上帝來到了人間。

看著人世間處處高樓林立、車來車往，一派喧囂繁華、欣欣向榮的景象，上帝心裡頓時湧起了一股自豪的感覺。上帝開心地想，大地上曾經杳無人煙、一片蕭瑟，現在因為有了人類，才變成這樣繁華這樣繽紛，人類的力量看來真是無窮無盡，而這力量無窮無盡的人類是經由我創造出來的。想到這裡，上帝心裡越發驕傲越發自豪起來，覺得自己作為人類的創造者，似乎應該再獎勵一下人類，以激發他們更加強大的改變世界的力量。在上帝心中有了這種打算的時候，一個人出現在了他的視野裡。

沒有任何猶豫，上帝興致勃勃地走到了那個正在匆匆忙忙趕路的人面前。看著那個人，上帝說：「你好！我是上帝，今天你很幸運遇見了我。從現在起，我可以實現你的一個願望，任何願望都行。但是我有一個條件，那就是在我實現你願望的時候，必須得把這願望以雙份的方式同時給予你的鄰居。」

聽到上帝可以滿足自己一個願望，那個人頓時滿心歡

第二輯　放下包袱，勇敢為夢想開路

喜：「我一定要好好提出願望，讓上帝幫助我實現。」

沉思良久，那個人心想，我一定要擁有一家屬於自己的資產上億元的大公司，這樣我就可以不必每天在上班時看著老闆的臉色行事了。這個願望剛冒出來，那個人歡喜的神情就立即僵硬起來。他突然想到了上帝所說的條件，如果我擁有一家資產上億元的公司，那麼現在比我貧窮許多的鄰居不是就擁有了兩家資產上億元的公司了？如果我擁有一輛豪華的小轎車，我的鄰居不是就擁有了兩輛豪華的小轎車……這怎麼行呢？我怎麼能夠輕易地讓鄰居超過我呢！這是我絕對無法忍受的。看著比我富有的鄰居，我怎麼能夠快樂起來呢？況且他的富有還是我帶給他的。左思右想，那個人也沒有想出一個可行的辦法來。最後，那個人咬了咬牙，看著上帝說：「尊敬的上帝，請你將我的一隻手鋸掉吧！」

看著眼前那個人，上帝心裡原有的自豪頓時不見了蹤影，忍不住害怕地驚呼：「天啊，這就是我創造出來的人類，幸虧我不是他的鄰居，要不然我的雙手就這樣莫名其妙地被鋸掉了。」上帝越想越害怕，趕緊逃離了那個人。

在我們的現實生活中，像那個要鋸掉自己一隻手一樣的人無處不在，他們的心裡被嫉妒被私欲所填充，容不下任何人超過自己，如果有人超過了他，他不是想辦法尋找自己的

不足,進行力所能及的彌補,而是千方百計地想辦法讓超過他的人摔倒趴下。

　　你會是那個讓上帝都感到害怕的人嗎?千萬別做那樣的人,別被嫉妒、私欲矇蔽了雙眼。

第二輯　放下包袱，勇敢為夢想開路

第三輯
夢想也要溫暖，那些目光一路相伴

　　面對黑夜，你會茫然無助嗎？在偏僻之地，你會孤獨無依嗎？這些情緒如果總是在不經意間纏繞你，夢想就會不知所措。那麼請用心去感受吧，夢想也需要溫暖相擁。

　　在這個世界的某個角落裡，總有些目光在凝望著你，溫暖你的夢想。你感受到了那溫暖的目光嗎？你喜歡這溫暖的目光嗎？你的夢想還會不知所措嗎？

第三輯　夢想也要溫暖，那些目光一路相伴

金屬支架上的舞者

上天很不公平，在她出生後不久，父親便撒手人寰。母親沒有被丈夫的驟然離去擊倒，依舊無微不至地關愛著她。

7 歲那年夏天，讀小學的她在劇場看到了佛朗明哥舞表演，幼小的心靈被那歡快的腳步，以及光彩四溢的布景深深迷住了。不久後，身材修長的她吸引了一位佛朗明哥舞教練的目光。訓練需要大筆費用，為了滿足她的心願，在罐頭廠做裝儲工人的母親下班後，又到餐廳幫廚師做一道特色食品「甜椒盅」。在母親的支持下，她成了一名佛朗明哥舞學員。很快，她便從一幫訓練者中脫穎而出。

9 歲時，她正式上臺參加了佛朗明哥舞演出，並一演成名，成了倍受觀眾喜愛的小舞蹈演員。舞臺上，年幼的她用肢體語言把佛朗明哥舞的輕靈流暢展現得淋漓盡致。她就此被舞蹈界譽為「佛朗明哥舞天才少女」。所有人都認為，數年後，這位天才少女肯定能成為佛朗明哥舞的領軍人物。面對讚譽，她也冷靜地相信自己一定會獲得成功。

在她躊躇滿志時，上天再次在她面前把不公的那一面突顯了。10 歲那年，她突然覺得背部疼痛難忍。醫生在仔細檢

金屬支架上的舞者

查後得出結論：她患有脊椎側彎。脊椎側彎乃一種罕見疾病，是脊柱的一個或數個節段向側方彎曲，伴有椎體旋轉的三維脊柱畸形，會影響生長發育，使身體變形致殘。醫生面色凝重地告訴她，她的脊柱已變成了「S」形，必須告別舞臺，進行徹底治療。醫生的話，在她美夢無限的世界裡扔下了一枚炸彈。

不知所措時，知道她深愛著佛朗明哥舞的母親說：「孩子，疾病並不可怕，可怕的是你在疾病面前逃跑！」母親的話，在她心裡產生了強烈震撼：「不能趴下，我那麼喜歡佛朗明哥舞。只要認真接受治療，我定會重返舞臺。」

為了防止脊椎側彎繼續惡化，醫生將 10 多公斤重的金屬支架固定到了她身上。無論何時何地，金屬支架都不能卸下來。她每天必須背負沉重的金屬支架生活。生活中，她甚至可以感覺到身體裡的關節在金屬支架的作用下發出咔咔的摩擦聲。金屬支架下的生活，是那麼不便。而金屬支架強行對脊柱的扭正過程，產生的疼痛是椎心的。面對這些，她堅持著。她知道，自己不能輕易向脊椎側彎和金屬支架服輸，一旦認輸，她的生命將一片灰暗。

在她和疾病抗爭之時，那些觀看過她演出的觀眾，也不斷寫信鼓勵她，告訴她，他們還在舞臺下等著她。觀眾的來信，讓她對自己戰勝疾病更加充滿了信心。

第三輯　夢想也要溫暖，那些目光一路相伴

除了背負沉重的金屬支架矯正呈「S」形的脊柱，她還積極地參與其他鍛鍊，以期脊椎側彎能早日遠離自己。除了例行的身體鍛鍊外，她依然堅持舞蹈訓練。不間斷的舞蹈訓練使她即使在患病期間，也沒有距離舞臺太遠。背負金屬支架進行舞蹈訓練，她的身體要忍受金屬支架和身體摩擦的巨大痛苦。但她強忍著疼痛，不喊一聲，她知道如果她選擇了喊叫，可能就會選擇放棄。

揹著金屬支架生活了 5 年的她，再到醫院複查。醫生驚訝地發現，X 光片中的脊柱不再是扭曲的「S」形，而是正常向上的姿勢。也就在這一年，她以第一名的成績從西班牙的國家舞蹈藝術學院畢業，並以精湛的技藝進入了國家舞蹈團。隨後的日子裡，想到背負金屬支架生活的艱難歷程，她抓住每個機會展示自己的舞蹈天賦，最終成了國家舞蹈團的棟梁。21 歲時，她被「紐約大都會評論」評選為最佳外國舞蹈家；27 歲時，又被墨西哥國家藝術劇院授予最佳年度演出獎；31 歲時，她被任命為西班牙的國家舞蹈團團長。

她是誰？她就是坦然面對艱難，絕不放棄夢想追求，被譽為「佛朗明哥舞后」的西班牙著名舞蹈藝術家艾達・高梅茲（Aida Gómez）。面對艱難困苦，我們必須保持坦然的心態，勇敢戰之，而不是選擇退讓。這便是艾達・高梅茲傳遞給我們的致勝法寶。

辛迪的吊墜

小辛迪出生在美國西部克勞福德鎮。生活中太多的不幸使他總是鬱鬱寡歡。鎮上的其他孩子不喜歡和小辛迪玩，儘管他想盡辦法靠近他們。

在克勞福德鎮狹長的街道上，看到其他孩子開開心心的場景，小辛迪忍不住暗自垂淚，不禁自問：「難道我做錯什麼了嗎？上天要把不幸降臨我身上。」可是一個不到8歲的孩子又能做錯什麼呢？小辛迪非常不幸，不到一歲，父親恩特爾便離開小鎮，遠去東部。一去數年，父親杳無音信。從此，多病的母親獨自帶著小辛迪艱難生活，痴痴地等待丈夫歸來。在辛迪5歲時，母親在對丈夫恩特爾的無望等待中離開了人世。離開人世前，母親緊握著小辛迪的手說：「孩子，媽媽不能和你一起等到和爸爸相聚了。相信媽媽，爸爸一定會來找你！」母親取下胸前那塊她一直非常珍視的吊墜，顫抖著放到小辛迪稚嫩的小手裡說：「好好戴著它，爸爸可以從吊墜認出你。它很珍貴，千萬不能弄丟！」

此後在小鎮上，小辛迪便和年邁的外婆生活在一起。外婆只有很少的救濟金，要養活兩張嘴，生活捉襟見肘。儘管

如此,想到父親會憑藉吊墜認出他,小辛迪心裡還是充滿了希望。他耐心等待著和父親相見那一天,將吊墜視為至寶。由於生活艱難,衣著簡樸,其他小朋友不願和他玩樂,小辛迪非常落寞、孤單。

　　儘管孤獨,小辛迪依舊歡笑。每每遇到熟人,小辛迪都會恭恭敬敬地問候。小鎮古玩店老闆卡波特60多歲了,十分喜歡年幼知禮的小辛迪,總微笑著說:「我可愛的孩子,你要快樂!」卡波特的話,讓小辛迪被冷落的心有了絲絲暖意。

　　時間在小辛迪對父親的期待中流逝,可晶瑩的吊墜沒能為他帶來父親。小辛迪有些傷心:「爸爸究竟什麼時候回來見我呢?」他忍不住問外婆為什麼。想到女兒在對小辛迪父親的等待中去世,外婆很生氣:「別想見到你那不負責任的父親了,他早已死在外面了。」外婆的話讓小辛迪痛苦不堪,他飛奔出家,漫步在狹長的街道上,用小手撫摸著吊墜。

　　傷心難過時,幾個壞孩子擋住了他的去路:「窮小子,幹什麼哭喪著臉啊?」小辛迪不想理會他們,沒好氣地說:「關你們什麼事?」壞孩子見一向低眉順眼的小辛迪竟然頂撞他們,把他圍在中間說:「小子,瞧你這窮樣,和你說話,那是瞧得起你!」想起過往種種,傷心的小辛迪決定不再示弱,昂著頭說:「我才不窮呢!」說這話時,他想到母親臨死前留給他的吊墜,母親一再叮囑他小心愛護,它一定非常珍貴。

想到這,小辛迪指著吊墜驕傲地說:「這是媽媽留給我的,你們有嗎?媽媽說它很珍貴。」

聽了小辛迪的話,幾個壞孩子相互看了幾眼,上前將他按在地上,不待反抗,便將他一向視為珍寶的吊墜搶走了。而後,轉身向卡波特的古玩店跑去,想把小辛迪視為至寶的東西賣出去,從中賺一筆錢。想到父親再也認不出他了,小辛迪痛哭流涕。

幾個壞孩子把吊墜拿到卡波特的古玩店,卡波特一眼便認出了這個吊墜。當幾個壞孩子把吊墜遞到他面前問「這個吊墜值多少錢」時,他不動聲色地回答:「這是假的,最多值幾美分。」幾個壞孩子本希望用吊墜大賺一筆,沒想到它只值區區幾美分,十分生氣,本想順手扔到地上,一想到被小辛迪欺騙的屈辱,決定回去再羞辱小辛迪一番。

幾個壞孩子再次出現在小辛迪面前,看到他還在哭泣,覺得十分好笑:「窮小子,你可真好笑,只值幾美分的東西竟然當成稀世珍寶。」說著便把吊墜扔到小辛迪面前,「還哭什麼?還給你。告訴你,古玩店老闆說這只值幾美分,誰稀罕啊!」

捧著吊墜的小辛迪更加傷心:「這是真的嗎?難道媽媽也騙我,這東西根本不珍貴⋯⋯」,突然有聲音在小辛迪耳邊響起來:「我可愛的孩子,你哭什麼啊?」小辛迪抬起頭,看

第三輯　夢想也要溫暖，那些目光一路相伴

　　見古玩店老闆卡波特正慈眉善目地望著他。想到他對吊墜的否定，小辛迪眼淚汍濫，舉著吊墜說：「它只值幾美分嗎？」

　　看著吊墜，卡波特沉思片刻說：「我可愛的孩子，這是媽媽留給你的，它非常珍貴。剛才，我對那幾個壞孩子說的全是假話，這麼珍貴的吊墜怎麼只值幾美分呢？它一定可以幫你等到爸爸。」聽過卡波特的話，小辛迪頓時破涕為笑，沒什麼比得上有人稱讚吊墜更讓他開心了。

　　卡波特接著說：「孩子，你把這樣珍貴的吊墜帶在身上，非常危險，萬一像今天這樣再被搶走怎麼辦？」小辛迪一臉焦慮不知所措。卡波特說：「如果你信得過我，就讓我來替你保管。為讓你放心，我可以付你一筆錢，等到你有錢時再來贖回它。」小辛迪猶豫著，卡波特笑了：「小辛迪，爸爸一時半會兒不會回來，你把這樣珍貴的吊墜帶在身上沒有用處。不如用我給你的這筆錢好好學習。爸爸可不想看到一事無成的辛迪。」

　　想想卡波特說的話，小辛迪想：「怎麼能讓爸爸看到一事無成的我呢？但外婆沒有錢，根本無法供我讀書，我為何不用吊墜換的錢讓自己好好學習呢？等到有錢時再來贖回它。」想到這裡，卡波特和小辛迪簽了一個協議，大意是卡波特暫時為小辛迪保管吊墜，並為此支付一筆保證金，小辛迪有錢時，可隨時取回吊墜。

辛迪的吊墜

而後，小辛迪利用古玩店老闆卡波特給的錢進入學校，並且認真學習，最後成了美國知名的經濟人士。想到母親留下的吊墜，辛迪去找卡波特贖回。不幸的是，古玩店老闆卡波特多年前在一場疾病中失去了生命，家人不想留在小鎮上睹物思人，便遷往一個辛迪不知道的地方了。辛迪在為卡波特去世難過時，也為母親留給他的遺物丟失惋惜不已。辛迪以為自己再也沒有機會見到那個晶瑩的吊墜了。

一次他到紐約演講，主要報紙都刊登了消息。晚上，在飯店裡的辛迪突然接到了一個電話：「辛迪先生，有位卡波特的後人找您。」辛迪忍不住心理一顫。

中年人見到辛迪後，將一個很好看的錦盒遞到他手中說：「辛迪先生，這是我父親臨死前千叮萬囑要給你的，他說這是屬於你的，他只是暫時保管而已。」中年人離開飯店時，辛迪顫抖著手開啟了盒子，吊墜和協議書安詳地躺在裡面。

幾天後，辛迪把吊墜拿到古董店鑑定。老闆說：「辛迪先生，這只是一個很普通的吊墜，如今市值也就幾美元。」想到多年前，卡波特給自己比幾美元多很多倍的錢，辛迪心裡浪潮翻滾：「正如卡波特先生所說，它非常珍貴，承載了一個母親對孩子的希望和一個孩子對未來的希望，更承載了一位老人對一個孩子的善意幫助。」

第三輯　夢想也要溫暖，那些目光一路相伴

暖心的謊言

在海德鎮，幾乎所有人都知道帕特是個不學無術、有小偷小摸習慣的壞孩子。人們看見他都退避三舍，生怕沾染不良習氣。大人們把帕特當成反面教材教育自家孩子：「千萬別向帕特學習，那是沒出息的。」

帕特其實很不幸，在他出生時，母親因難產而死。從此，他便和父親生活在一起。帕特的父親在他母親去世後，傷心過度而患有間歇性精神病。即便不發病時，他父親也難得清醒，總用酒精麻醉自己，是個酒鬼。父親酗酒，讓帕特很難感受到親情，因此，他嫉妒那些和睦溫馨的家庭。帕特對這些家庭有一股強烈報復心理：「我不能擁有幸福，你們也別想。」這些人家的窗戶玻璃要麼被不知從哪裡來的一塊石頭砸碎，要麼園子裡的花草和其他用具被破壞。

時間在帕特的惹是生非中流逝，在帕特對生活無望的心理中流逝。海德鎮幾乎沒有未被帕特「報復」過的家庭，帕特漸漸覺得有些無聊，希望找點新鮮事情來做。在帕特的渴盼心理中，海德鎮新搬來一家人。

一天，帕特走到那家人屋子外面，緊鎖的房門宣告主人

不在家。帕特很興奮，機會來了。他在院子裡轉了一圈，發現有扇窗沒關好，便毫不猶豫地從那扇窗子鑽了進去，準備「拿點東西作紀念」。進入屋子的帕特睜大了眼睛，屋子裡整齊地放著一排排書架，書架上擺滿了書。帕特進入的剛好是主人的書房。

徘徊在一排排書架前，帕特目不暇接。儘管在海德鎮裡，幾乎所有人都知道帕特惹是生非，但沒有幾個人知道，他其實很喜歡讀書。因為沒有朋友，沒有信任自己的人，帕特只有在看書時，內心才是寧靜的，才覺得自己真實存在。其實，帕特的內心還是個好孩子，他表面作惡，就是為了引起別人的注意。然而，由於父親只知道酗酒，家裡經濟狀況不好，帕特喜歡看書的願望也很難滿足，他沒錢買書。而小鎮圖書館管理員知道他是個壞孩子，也拒絕他進入圖書館。

在書架前徘徊的帕特摸摸這本書，又摸摸那本，哪一本都是他以前沒見過的。帕特真希望自己就是這屋子的主人，是這些書的主人，這樣他就可以任意選擇書看了。最後，帕特選了一本人物傳記——《約翰‧克里斯多夫》。「克里斯多夫」這個名字帕特早就知道，是位音樂家，而這本傳記真實記錄了這位音樂家艱苦卓絕的音樂生活和豐富多彩的感情生活，極鼓舞人心。拿著《約翰‧克里斯多夫》，帕特情不自禁地坐在靠窗的書桌前看了起來。沉醉在克里斯多夫的人生

第三輯　夢想也要溫暖，那些目光一路相伴

世界裡，他完全忘記了自己到這幢房子來的目的是行竊。

突然，帕特的肩膀被拍了一下。他心裡一緊，《約翰‧克里斯多夫》從手上滑落到了地上。他回頭看見一位慈眉善目的老人正看著他。帕特心想：「難道他是房子的主人？我該怎麼辦？」他不想就這樣被抓獲，會被關到小鎮警察局好長一段時間的。然而，書房因整齊擺放太多的書，行走路線十分狹窄，老人身材魁梧，剛好擋住了他唯一的出行路線。正想著如何衝出去的帕特，聽到老人說：「孩子，你是阿爾特法博士的親戚嗎？」看著微笑的老人，帕特機械地點了點頭。點頭時，帕特對自己說：「但願他不要發現我不是房子主人的親戚，否則……」

隨後，老人向帕特做了自我介紹：「我叫莫里，是阿爾法特的好朋友，專程來拜訪他。」帕特思緒萬千地聽著自稱莫里的老人的介紹，暗自慶幸：「幸好莫里不認識房子主人阿爾特法的親戚。」想著快些出去的帕特說：「我還有事，我先出去了。」帕特站起來，準備側身從莫里老人身旁走過去。莫里老人突然拉住他，讓帕特心裡一緊：「難道穿幫了？」

莫里老人說：「小朋友，看得出你是個熱愛學習的好孩子。你很喜歡《約翰‧克里斯多夫》，你到這裡來是為了拿這本書看的吧！呵呵，你可忘記拿書了。」說著，莫里老人把《約翰‧克里斯多夫》遞到了帕特面前。心裡忐忑不安的帕特

暖心的謊言

從莫里老人手裡接過這本書飛也似地向大門外跑去。

出門時，帕特碰到了郵差。郵差看著他問道：「這幢房子的主人莫里在家嗎？」帕特心裡一驚：「房子的主人叫莫里，難道剛才那位老人……」想到這，他點了點頭。帕特不敢再多停留，迅速衝出這幢像圖書館一樣的房子，心跳久久難以平靜。他知道，剛才那位自稱莫里的老人，其實就是這幢房子的主人。帕特更知道，作為房子主人，莫里自然認識自家親戚了。他是為了保護帕特那顆小小的自尊的心，才對帕特謊稱他是房子主人的朋友。

帕特也許沒有想到的是，在莫里老人剛回到家第一眼看到帕特時，他已經做好了報警準備。然而，對於他的回來，沉醉在《約翰‧克里斯多夫》世界裡的帕特卻全然不知。從這個情節裡，莫里知道，眼前的這個小小的竊賊肯定只是一時心血來潮的叛逆行為，他放棄了報警的打算。如何才能保護這個少年小小的自尊呢？曾在一所大學任教心理學教授的莫里腦子裡靈機一動，想出了前面那些謊言。他相信，一個喜歡看《約翰‧克里斯多夫》的孩子再壞也壞不到哪裡去，保護好他的自尊，可能就拯救了他的心。

莫里並不知道自己這挽救自尊的謊言，究竟能夠產生多大效果。回到家後，帕特對莫里保留了自己的自尊充滿了感激。在小鎮裡，過去還沒有誰在意過帕特的自尊，大家總是

第三輯　夢想也要溫暖，那些目光一路相伴

對他不屑一顧，認為他是個壞孩子。莫里卻認為他是一個好孩子。思緒紛飛的帕特在心裡對自己說：「帕特，無論如何，你也不能讓莫里老人失望。」

帕特決定從此做個好孩子，做個積極面對生活的人。但上天再次把不幸降臨到了他身上，一段時間後，他酗酒的父親在醉酒歸來的路上，被汽車撞傷了。躺在醫院的病床上，父親握著帕特的手說：「孩子，爸爸對不住你，沒有好好管教你。但爸爸一直都相信你是個好孩子，你會有所作為的。爸爸愛你！」帕特淚流滿面，他知道爸爸其實一直都愛他。帕特父親醫治無效離開了人世，把孤零零的他留在了世界上。儘管沒有了親情護佑，一想到莫里老人，帕特心中就充滿了力量。不久後，還未成年的帕特被送進了社會福利院接受系統的教育。

20 年後，已經 80 歲高齡的莫里老人在雜誌上讀到了一篇署名帕特的作家的專欄文章，文章名字叫〈一本珍貴的書〉。看著這篇文章，他微笑著想起了多年前那個謊言的故事，相信這個帕特就是「阿爾特法的親戚」。

「愛心蜜罐」情滿英倫

在英國蘇丁頓市，20多年時間裡，一對年逾八旬的夫婦從不間斷地進行著一項善舉：為一家癌症慈善機構「科波特救助基金會」募款資金。他們創設的「愛心蜜罐」，感動了整個英倫，募款到的32萬英鎊、重達120噸的硬幣，幫助了無數處於困境中的人。

癌魔困擾好友

初冬的一個週末，家住英國蘇帕丁頓市時年63歲的皮克斯多克和57歲的妻子貝蒂突然接到好友伊亞特德的電話。電話裡，伊亞特德聲音消沉：「你們有空嗎？能到我家來一起度週末嗎？這或許是我在這個世界上最後的週末了！」

在皮克斯多克追問下，伊亞特德說他已是食道癌晚期，沒幾天可活了。眼前閃現出好友忍受疾病折磨的情景，皮克斯多克心裡一酸：「這可憐的老人啊！」隨後，他和妻子貝蒂決定立即前往伊亞特德家。

走進伊亞特德家，皮克斯多克夫婦簡直不敢相信自己的眼睛：伊亞特德骨瘦如柴，面目無光，似乎一陣風便可將其

吹倒。皮克斯多緊緊抱住伊亞特德關切地問：「老朋友，怎麼不去醫院治療啊？」伊亞特德垂下了眼簾：「都已是晚期了，再治療也沒什麼用處，只是白花錢而已，況且我也沒這麼多錢。反正我孤身一人，離開人世也沒多少人會傷心！」伊亞特德的話，讓貝蒂忍不住淚流滿面。

回家路上，皮克斯多克心事重重。看著心事重重的丈夫，貝蒂說：「親愛的，我們想個辦法幫助伊亞特德吧！」妻子的話堅定了皮克斯多克幫助好友伊亞特德的決心。

時逢兒子奧倫多全家前來看望皮克斯多克夫婦。一家人圍著桌子享受豐盛晚餐時，皮克斯多克毫無胃口。得知父親鬱悶的原因後，奧倫多說：「你可以為他進行募款啊！」皮克斯多克豁然開朗：「我怎麼沒想到為救助伊亞特德進行募款呢？社會力量是無窮的啊！」

善良的夫婦倆相信，周圍和他們一樣願意獻出愛心的人很多，他們不會眼看著一個人被疾病奪去生命的。

為好友募款救助金

第二天，皮克斯多克夫婦捧著親手做的募款箱開始募款救助金。募款箱上寫著：「親愛的朋友，請伸出援手，用你的愛去救助一個患病的孤獨老人吧！」他們募款的第一站是鄰居家。在得知事情原委後，鄰居毫不猶豫地在募款箱裡放入

了 50 英鎊。

一天，在外募款救助金的皮克斯多克不小心踩到了一塊石頭上，身體一斜便摔倒在了地上。見丈夫沉沉地摔倒在地，貝蒂極為心痛：「親愛的，你沒事吧？」皮克斯多克笑著說：「親愛的，我沒事，我們繼續募款吧！明天我們就把這些救助金送到伊亞特德那裡，他肯定很高興。」繼續前行時，皮克斯多克才發現一隻腳扭傷了，一走路便椎心地痛。

經過幾天的忙碌，皮克斯多克夫婦共募款到了 5 千多英鎊。用這筆募款來的救助金，伊亞特德住進了蘇帕丁頓市醫院。然而一週後，病入膏肓的伊亞特德最終還是離開了人世。伊亞特德在彌留之際用瘦弱的手緊緊地握住皮克斯多克的手說：「老朋友，我生命最後的日子因你們而生輝。上帝會帶給你們好運的。」

伊亞特德離開人世後，募款來的救助金還剩 1 千多英鎊。這些剩餘的錢怎麼處理呢？皮克斯多克決定按照剩餘金額的比例把錢送還原先的捐助者手裡。當皮克斯多克將錢送往第一家捐助者那裡時，捐助者說：「我捐出這筆錢，便沒有再想過收回來。你們將剩下的錢代我捐到慈善機構吧，這個世界上肯定還有人處在艱難中，急需幫助。」這位捐助者的話讓皮克斯多克心裡一動：「是啊，我們何不把這筆錢捐到慈善機構呢？讓它發揮餘熱。」

第三輯　夢想也要溫暖，那些目光一路相伴

皮克斯多克夫婦想到當初募款這筆救助金時，目的是為了救助患癌症的伊亞特德，於是決定將剩餘的錢捐到英國切爾滕納姆市一家癌症慈善機構「科波特救助基金會」。夫婦二人將錢送到「科波特救助基金會」時，工作人員代表眾多的癌症患者對他們表示了感謝，皮克斯多克夫婦心裡油然升起一股莊嚴的力量：「這個世界上，並不只有伊亞特德處境艱難，還有人也和他一樣會陷入困境，我們何不為這些人做更多事情呢？」

走出「科波特救助基金會」時，一種神聖的使命感突然降臨皮克斯多克夫婦身上，他們決定在餘生繼續為那些身陷癌症困境的病人募款救助金。

承載使命的「愛心蜜罐」

皮克斯多克夫婦成了「科波特救助基金會」的義務募款員。此前，他們兩個總渴望兒子奧倫多一家多來陪他們。但自從熱愛上為那些癌症患者募款救助金後，夫婦倆只要有空便出去進行募款，希望能為那些身陷癌症困境的患者獻上一份愛心，讓他們不再被疾病困擾，能夠自由自在地呼吸新鮮的空氣。

皮克斯多克最初採取的是挨家挨戶的募款方式。這種「蝸牛式」的募款方式不僅費時費力，有時還會遭遇拒絕。一

天,皮克斯多克夫婦敲開一家住戶的門後,真誠地說:「請你為那些身患癌症的患者獻出一點愛心好嗎?」開門的人看著皮克斯多克夫婦,半晌才不屑地說:「我憑什麼相信你們,那些人與我有什麼關係!」說完,「哐」的一聲將門關上了,將不知所措的皮克斯多克夫婦留在外面。

回到家,皮克斯多克看著貝蒂說:「我們這種募款方法太落後了,應該換種辦法。」這時,貝蒂正在從錢包裡將當天買生活用品找零的幾個一便士硬幣往存錢罐裡放。皮克斯多克腦子裡突然靈光一閃,眉飛色舞地說:「親愛的,我們今後不用再每天出去募款了。」貝蒂說:「難道你打退堂鼓了嗎?」皮克斯多克搖搖頭說:「在買東西時,人們會不時被找回一些不便攜帶的小額硬幣,如果我們在一些公共場所設一些募款箱,讓人們將這些硬幣投放進去,豈不是會達到事半功倍的效果。」皮克斯多克的主意讓貝蒂眼睛一亮。

皮克斯多克夫婦找來廢棄的塑膠罐,將其進行簡單的外部處理後,試著放到了公共場合。他們將經過處理的塑膠罐命名為「愛心蜜罐」,並在上面留言:「朋友,用你不便攜帶的硬幣去拯救一個生命吧!」

皮克斯多克夫婦的「愛心蜜罐」首先出現在了他們居住的社區。此後,他們不需要像過去那樣端著募款箱去找人捐助,而是每週抽出固定時間去開啟「愛心蜜罐」。開始時,由

於皮克斯多克的「愛心蜜罐」放置地方不當，一週下來他們只募款到了 5 英鎊的硬幣。看著「愛心蜜罐」裡少得可憐的硬幣，皮克斯多克夫婦費解了：「難道人們對慈善事業不熱心？」沉思良久，皮克斯多克夫婦最後終於發現，他們的「愛心蜜罐」放置在了一個很不顯眼的地方，能夠發現它們的人很少。皮克斯多克心想：「要想『愛心蜜罐』引起人們的關注，就必須讓它們在更多的公共場所出現。」

這樣想過後，皮克斯多克開始給很多的公司和組織寫信，實施他們讓「愛心蜜罐」出現在更多場合的計畫。皮克斯多克夫婦寄出了數百封信後，他們的行為得到了廣泛理解，在英國的很多公司組織辦公地點，都掛上了由皮克斯多克夫婦設計的「愛心蜜罐」。不僅如此，一些知道「愛心蜜罐」事件的人，甚至主動寫信給皮克斯多克夫婦，向他們索取「愛心蜜罐」。愛的力量是無窮的，是極具感染力的。皮克斯多克夫婦的募款行為感染了很多英國人，他們的「愛心蜜罐」在他們每次前往收取時，幾乎都裝滿了硬幣。

皮克斯多克夫婦收取「愛心蜜罐」裡的硬幣的腳步遍及英國的各個地方。有時為了去收取「愛心蜜罐」裡的硬幣，皮克斯多克甚至要驅車上千英哩。皮克斯多克夫婦將「愛心蜜罐」募款到的硬幣源源不斷地送到了「科波特求助基金會」，為那些患癌症無錢治療的患者獻出一分力量。

「愛心蜜罐」情滿英倫

為了「愛心蜜罐」能募款到更多的資金，皮克斯多克夫婦孜孜不倦地努力著，人們都親切地將他們稱作「愛心天使」。聽到人們這樣的讚譽，皮克斯多克俏皮地對妻子貝蒂說：「我們成了一對長著皺紋的天使。」

120噸硬幣感動英倫

10多年後，已經78歲的皮克斯多克驅車和妻子貝蒂前往英國格洛斯特郡泰特貝里市，去收取放置在那裡的「愛心蜜罐」。回來的路上，皮克斯多克很是急切，想把這些硬幣彙總早點存入「科波特救助基金會」的帳戶。疲累的皮克斯多克有些精神恍惚，車輪不小心輾到了路上的一塊石頭。皮克斯多克頓時握不住方向盤，汽車一歪撞到了一邊的行道樹上，他陷入了昏迷。

皮克斯多克在醫院裡整整昏迷了三天三夜才醒來。醒來後，他看見妻子貝蒂正焦急地守候在床邊。皮克斯多克問道：「親愛的，那些救助金已經存到捐助帳戶上了吧！」看見妻子輕輕地點了點頭，皮克斯多克才長長地舒了一口氣。隨後，貝蒂告訴皮克斯多克，他出車禍住院的消息被報紙報導後，每天都有很多人打電話來詢問他的傷情，人們都在關注著他的健康。聽著妻子說，皮克斯多克心裡非常愉快，能夠被如此眾多的人關心，那是多麼幸福的事情啊！

第三輯　夢想也要溫暖，那些目光一路相伴

皮克斯多克在病床上躺了整整兩個月時間。這位用「愛心蜜罐」募款救助金的老人，躺在病床上時，最讓他高興的事情是幾位正在接受治療的癌症患者打來了電話。那幾位癌症患者是皮克斯多克夫婦「愛心蜜罐」募款到的資金幫助的對象。他們在得知自己的恩人出車禍後，非常著急，默默地在心裡為他祝福，希望他撐過難關。得知皮克斯多克從昏迷中醒來後，接受他「愛心蜜罐」救助資金得到治療的患者在電話裡感激地說：「謝謝您！如果沒有您的幫助，我們或許已經不在人世了。是您給了我們生命的希望，我們一定會戰勝癌魔的。」在這些患者的關注中，皮克斯多克迅速康復起來。

康復後，皮克斯多克最關心的就是他和妻子實施的「愛心蜜罐」計畫進展得怎麼樣。當妻子告訴他一切都好的時候，皮克斯多克抱著貝蒂幸福地笑了。隨後，皮克斯多克夫婦再度攜手實施他們的「愛心蜜罐」計畫。

貝蒂沒有想到，她和丈夫皮克斯多克一起實施的「愛心蜜罐」計畫募款而來的資金，有一天還會用到自己身上。在一次例行的身體檢查中，貝蒂被檢查出患有乳腺癌。長期從事「愛心蜜罐」計畫的貝蒂並沒有悲觀失望，而是積極地開始進行治療。在醫院接受治療中，她 20 年來利用「愛心蜜罐」募款來的資金，也用到了自己身上。這些硬幣帶來的好處，使及時發現癌症的貝蒂，得到了行之有效的治療。

「愛心蜜罐」情滿英倫

　　看著妻子貝蒂從癌魔圍困中走出來的勝利身影，皮克斯多克無比興奮地說：「世間之事就是這樣奇妙，我們在救助別人的時候，自己同時也會得到救助。這個世界上的每個人如果都能意識到這點，我們的世界將到處洋溢著愛，我們的『愛心蜜罐』將蔓延到更多的地方。」

　　儘管年事已高，皮克斯多克夫婦並沒有停下他們的「愛心蜜罐」計畫。20多年來，皮克斯多克夫婦的「愛心蜜罐」計畫，先後募款到了32萬英鎊的硬幣，這些英鎊累計加起來重達120噸，超過了一頭成年藍鯨的體重。他們繼續孜孜不倦地努力著，並且希望有一天他們不在人世了，有另外的人接過「愛心蜜罐」的接力棒，讓計畫繼續延伸。

　　獲悉皮克斯多克夫婦的「愛心蜜罐」事蹟後，英國女王伊麗莎白二世和菲利浦親王在白金漢宮白色的會客廳裡接見了他們，對他們的行為給予了高度讚揚。「愛心蜜罐」感動了每一個英國人，讓很多處於困境中的人們得到了及時幫助。

　　每個人心中都有一個「愛心蜜罐」，只要你願意開啟，它就能給予困境中的人以無限溫情的力量。你願意開啟你心中的「愛心蜜罐」嗎？

第三輯　夢想也要溫暖，那些目光一路相伴

與人方便

一對心地善良的夫婦在路邊開了一家小雜貨店。

這年夏天特別炎熱，往來的路人總是被灼熱的太陽晒得汗流浹背，嘴唇發乾。這對夫婦的小雜貨店裡儘管也在賣著各式各樣的飲料，但是真正前來買的路人其實並不多。大多數路人都是眼巴巴地看看那些價格較貴的飲料，吞吞口水，然後繼續上路。

夫婦倆知道，那些吞口水強忍乾渴的人，一定是身上沒有多少錢。晚上，妻子對丈夫說：「這個夏天可真熱啊！」丈夫贊同地回答：「是啊。本來以為這樣我們的飲料生意會好些的。」妻子想了片刻說：「的確，往來的那麼多路人看著我們貨架上的飲料，買的人卻很少。或許他們的身上沒有多少錢吧！我們何不在雜貨店門口擺上一個免費的茶水攤，方便那些買不起飲料而又口渴的人，讓他們喝我們免費提供的茶水呢？」「可是這樣會更加影響我們本來就不好的飲料生意啊！」丈夫有些猶豫。看著遲疑的丈夫，妻子說：「你好好想想，當初我們決定開這家雜貨店的目的是什麼呢？」丈夫眉開眼笑地說：「主要是與人方便！」妻子也開心地笑了。

與人方便

　　第二天，夫婦二人在雜貨店門口擺放了一桶茶水和幾個乾淨的杯子。在茶水桶前方立了一塊牌子，上面寫著：「天熱路遠，請君喝杯免費的茶水再上路！」過往的路人看見這塊親切的牌子後，都歡歡喜喜地前來喝夫婦準備好的茶水。在免費茶水的滋潤下，路人們乾渴的嘴唇不再乾燥得起裂紋了。喝過茶水後，內心生出感激的路人總是要在雜貨店裡買上一點小東西，以此來對夫婦二人的善心表示感謝。因為擺上的這個免費的茶水攤，夫婦雜貨店裡的飲料生意更加慘淡了。可奇怪的是，雜貨店的整體生意不僅沒有因為飲料生意的慘淡而不好，反而每天的營業額還在持續上升。

　　就這樣過去了好多年，夫婦雜貨店所在的地方成了鬧市，那家小小的雜貨店不見了蹤影，取而代之的是一家大型百貨公司。這家大型百貨公司的主人，就是多年前那家提供與人方便的免費茶水的雜貨店夫婦。這對夫婦是怎樣從一個小雜貨店發展成為一家大型百貨公司的主人的呢？有記者前去採訪他們，問他們發財的祕笈是什麼。看著記者，夫婦笑著說：「與人方便！」

　　是的，與人方便，這就是夫婦倆的小雜貨店最終成為大型百貨公司的祕笈。過去，夫婦倆提供的免費茶水，看似影響了他們飲料生意，可是卻在路人的心中形成了信譽，形成了感激，從而不經意地把其他商品的生意帶動了起來。現實

生活中,有些生意人卻因為缺少了這對夫婦這種「與人方便」的心理,往往使生意沒有生機。

從上面這對夫婦的成功經歷看,「與人方便」是一種很具有擴張性的經商理念。這種經商理念令顧客在不知不覺中心存感激,從而帶來無窮的廣告效應。生意如此,人生何嘗不是如此呢?在「與人方便」的時候,你可能享受到的是「與己方便」的成功。

能借你的信用卡用用嗎

　　如果有人如標題中這樣對你說,你會認為他是騙子嗎?答案不言而喻。但它在美國一個流浪漢和主管間真實地發生了。

　　故事似乎很簡單。

　　32歲的瓦倫丁是紐約街頭的流浪漢,哈里斯是美國紐約一家廣告公司的主管。瓦倫丁和哈里斯兩人,一個處於生活最底層,一個擁有高級職位。他們像平面上的兩條平行線,沒有任何交集。

　　一天,哈里斯應朋友之邀前往餐廳吃飯。中途,朋友想到餐廳外抽菸,她跟著一起走到大街上。在與朋友聊天時,她不經意間側頭,發現不遠處的街道邊坐著一位流浪漢。回頭看看餐廳裡進餐的人們,哈里斯頓生同情:「他吃飯了嗎?」想到這,她情不自禁向流浪漢走去。

　　正向行人乞討的流浪漢叫瓦倫丁。這天,他運氣欠佳,乞討良久,收效甚微。突然出現的哈里斯讓他生出了一線希望。瓦倫丁微笑著說:「美麗的小姐,能給我些零錢嗎?」

　　流浪漢的微笑感染了哈里斯。但她摸摸口袋,發現身上

第三輯　夢想也要溫暖，那些目光一路相伴

沒有一分錢現金，只有一張信用卡。看著一臉期冀的流浪漢，哈里斯紅著臉說：「先生，實在對不起，我身上沒有現金，只有信用卡。」

看著一臉歉意的哈里斯，瓦倫丁鼓足勇氣道：「美麗的小姐，我能借你的信用卡用用嗎？」瓦倫丁覺得自己的要求很冒失，並不抱實現的希望。但出乎意料，哈里斯答應了他的要求。

瓦倫丁站起身，從哈里斯手裡接過了那張沒有密碼的信用卡。看著走遠的流浪漢，哈里斯和朋友一起回到餐廳繼續用餐。十多分鐘後，她看著朋友輕呼一聲：「上帝，我怎麼把沒有密碼的信用卡給了一個流浪漢呢？」朋友一臉不屑：「那傢伙可能已經帶著信用卡跑了！」「好吧！」哈里斯搖頭苦笑道。

然而，讓哈里斯驚異的事情在她走出餐廳時發生了。她發現那個流浪漢回來了，而且按照約定把信用卡還給了她。看著一臉不可思議的哈里斯，瓦倫丁一臉感激：「美麗的小姐，我為您的慷慨表示感謝。我用您給我的信用卡買了盥洗用品、水和一包菸，一共花去了25美元。」

哈里斯很為瓦倫丁的誠實守信感動，也為自己起初對他的懷疑而懊惱。隨後，哈里斯和朋友一起，將流浪漢瓦倫丁的故事講給了《紐約郵報》的一名記者聽。《紐約郵報》將這

能借你的信用卡用用嗎

一事件報匯出去,並引起了關注。短短幾天,《紐約郵報》接到了數百封讀者電子郵件,表示願意送錢給瓦倫丁。一名德克薩斯州的男子直接給了他近 6,000 美元,以獎賞他的誠實。美國的威斯康辛州航空公司更是表示,願意應徵瓦倫丁擔任空中服務生。

因為自己的誠實,瓦倫丁贏得了光明的未來,他再也不用沿街乞討。

知道了這個故事,相信很多人情不自禁讚嘆瓦倫丁的誠實德行。在讚嘆他時,我們絕不能忘記哈里斯對瓦倫丁那最初的不可思議的信任。這個故事真正讓人感動的,其實是人與人之間的信任。

第三輯　夢想也要溫暖，那些目光一路相伴

絕症父親的「父親委員會」

美國作家布魯斯・費勒（Bruce Feiler）不幸患了致命的癌症。想到那對可愛的孿生女兒，他原本坦然面對絕症的心再難平靜。「不能讓女兒因我的去世而失去本該擁有的父愛，在成長過程中留下無法彌補的遺憾！」在這一信念支撐下，布魯斯靈機一動，決定組建一個「父親委員會」，讓「代理父親」陪他那對孿生女兒玩耍、遊戲、旅遊，或教她們學習音樂……

在布魯斯成功組建一個擁有 6 位成員的「父親委員會」之際，他也爆發出前所未有的能量，奇蹟般打破醫生的「死亡預言」。此番經歷，讓他的新書《父親委員會》震撼了美國，並將被好萊塢搬上大銀幕。

現年 45 歲的布魯斯・費勒是美國頗有影響力的作家，住在紐約。他興趣廣泛，兼具冒險精神，他跋涉一萬多英哩遊歷聖經遺跡創作的《聖地蹤跡》極為暢銷，並被拍攝成美國公共電視臺的熱門節目。在遭遇人生不幸前，布魯斯寫過 9 本書，這些書無一不暢銷美國。

描寫自己在馬戲團當小丑經歷的一本書裡，布魯斯寫到

絕症父親的「父親委員會」

了他和妻子琳達相愛的故事。24歲那年秋天，他在馬戲團舞臺上表演，需要一位觀眾進行配合。目光掃過觀眾席，第一排正熱烈鼓掌的一位女孩吸引了他。布魯斯將這位名叫琳達的女孩叫上了舞臺，她完美的配合讓他表演的節目精彩紛呈。演出結束時，感到心裡悸動的他留下了女孩的聯絡方式。隨後，在布魯斯猛烈的愛情攻勢裡，琳達成為了他的女友。兩人相愛熾烈，於4年後跨進婚姻殿堂。

在妻子琳達的全力支持下，喜歡寫作的布魯斯離開馬戲團，四處遊歷，成了一名成功的自由作家。但上天在賦予布魯斯成功的事業之際，卻壓制著他成為一名父親的渴望。琳達的子宮內膜較薄，受精卵總是很難著床。直到兩人婚後第12年，布魯斯才擁有了一對可愛的孿生女兒。勤奮寫作之餘，他最喜歡的事，便是和一對孿生女兒一起玩耍。在孿生女兒伊登和蒂比蹣跚學步時，他便帶著她們到野外遊玩，進行各種探險。

一雙可愛的孿生女兒讓布魯斯擁有了似乎取之不盡用之不竭的才氣。在伊登和蒂比出生的短短兩年時間裡，他便出版了兩本在出版界引起強烈反響的圖書。看著金髮飄逸的孿生女兒，布魯斯覺得自己是這個世界上最幸福的人。但他的這種感覺並未維持多長時間，便被突如其來的噩運震得頭暈目眩。

第三輯　夢想也要溫暖，那些目光一路相伴

初春的一天，布魯斯吃驚地發現，他右大腿上那個小腫塊以不可思議的速度擴大著。在創作《聖地蹤跡》時，遊歷聖經遺跡的布魯斯出了車禍，車禍在他的右大腿上留下了一個小腫塊，沒想到若干年後，這個小腫塊會擴大。醫生診斷其右大腿上的腫塊是一個 18 公分大的惡性腫瘤。醫生神情沉重地對他說：「你腿上的這個惡性腫瘤已到晚期，很難將之切除，全美每年多達數千人死於這種惡性腫瘤。」

布魯斯頓時有一種天塌下來的感覺。他很清楚醫生話中的意思，他存活的機率相當渺茫。面對妻子琳達關愛的目光，他強作笑顏：「親愛的，醫生說吃點藥就沒事了！」在拖著沉重的雙腿走進書房後，布魯斯再也無法抑制內心的淒苦，忍不住淚流滿面。正在這時，孿生女兒伊登和蒂比衝進了書房，用稚嫩的嗓音對他說：「爸爸，我們什麼時候再去郊外啊？」

看到孿生女兒，布魯斯趕緊擦乾臉上的淚痕，笑著說：「小傢伙們，我們下週就去。」聽到他肯定的回答，伊登和蒂比頓時興奮無比：「爸爸，你真好！」孿生女兒歡呼雀躍的場景，讓起初沉浸在痛苦中的布魯斯心裡咯噔一響：「上帝啊，如果我死了，伊登和蒂比怎麼辦？雖然她們有媽媽，但沒有了爸爸。沒有爸爸的孩子，該是多麼可憐啊！」

接下來的一段時間，布魯斯一邊進行治療一邊想：「日後

絕症父親的「父親委員會」

我缺席了,沒有一位父親帶著她們散步,參加芭蕾表演會,對她們的男友怒目而視,領著她們走完通往聖壇的過道。這對於她們來說,該是多麼遺憾啊!不行,我不能讓這樣的遺憾發生在伊登和蒂比身上。」但如何才能不讓這樣的遺憾發生呢?在醫生的「死亡語言」面前,布魯斯突然有些無力。他想到了給孿生女兒留下一封信,說出一個父親對女兒的心裡話,但他又覺得這遠遠不夠。布魯斯反覆思考著。突然,他的腦子裡靈光一閃:「如果我真的去世了,我是否可以找幾個朋友做伊登和蒂比的『代理父親』,組成一個『父親委員會』呢?讓他們代理我作為父親的職責。」布魯斯越想越為這個想法著迷。他認為,這個別出心裁的主意,一定會讓伊登和蒂比擁有完整的父愛。

布魯斯在有了挑選 6 名好友為女兒組建一個「父親委員會」的決定後,長舒了一口氣。他將這個決定告訴了正和自己一起抗擊癌魔的妻子琳達。最初,琳達表示反對,深愛布魯斯的她堅信,布魯斯一定會康復。但在布魯斯的一次勸說中,她沉默地點了點頭。

布魯斯將為孿生女兒尋找的「代理父親」鎖定在了 6 位好友身上。之所以是 6 位好友,是因為早前他在自己寫的關於親子的一本書中提到過自己對於完美父愛的理解,完美父愛必須具備 6 個方面的能力:是旅行專家,能帶著孩子感受世

第三輯　夢想也要溫暖，那些目光一路相伴

界；擁有愛心，能引導孩子關注美好的事物；思想時尚，能幫助孩子實現夢想；孩子喜歡你，能和孩子說上心裡話；有創造力，能影響孩子們不斷求索；答疑專家，如此才能解決孩子們的「十萬個為什麼」。

如今，既然自己不久於人世，要留給雙胞胎女兒的一定是一份最完美的父愛，才能彌補自己不在他們身邊的遺憾。但他回想起自己這麼多年來的經歷，朋友很多，但是一時間如何找到最滿意的人選呢？每一個被選中的朋友都將是女兒最信任的父親，這些被選中的朋友們會不會答應他，且能盡到這份責任呢？

徹夜難眠的布魯斯呆呆地坐在打字機前，他忍不住去看了看一對熟睡的小天使，月光下她們睡得真美。一瞬間，布魯斯好像有了靈感，何不為組建「父親委員會」擬一份應徵啟事？這樣可以節約時間，應徵的朋友肯定是自願的。

於是，這個寫慣了精彩遊記和小說的父親，開始動筆寫了人生第一封應徵啟事。用布魯斯自己的話說：「我寫的時候，內心千迴百轉，覺得要寫的應徵條件會列滿 10 張紙，而薪水卻是 0 美元！」不過，他知道，最真摯的聘請和最默契的託付是自己最大的籌碼。

第二天，布魯斯將應徵啟事列印了多份，然後列好 15 位摯友的姓名、電話、優勢和地址。終於等到了清晨，布魯斯

絕症父親的「父親委員會」

揉了揉自己因為熬夜而浮腫的雙眼,他穿上了最好的襯衣和西裝,就像一個要去著名公司應徵的緊張職員,臨走時他再次看了一眼兩個寶貝後,出發了。

他的第一個目標正是自己多年的鄰居,馬克斯,隔壁的「肌肉叔叔」馬克斯曾是他耶魯大學的同窗,馬克斯很喜歡布魯斯的文字,佩服他的才情,不開心時兩人總在一起喝喝小酒。馬克斯平時做健身教練,也是一家非營利青少年服務公司的負責人,和孩子們總有話說。

顯然,馬克斯的這一能力是布魯斯無法企及的。一對雙胞胎總喜歡爬上馬克斯的腿上,別看馬克斯一幅大塊頭,對孩子們卻極有耐心,任她們怎麼吵鬧,馬克斯總是一臉微笑。孩子們願意跟他一起辨識院子裡的花草,門前小河裡游過的小魚。最重要的是,馬克斯總會跟所有的孩子說,布魯斯在耶魯的時候有多麼的傳奇,讓布魯斯在孩子們眼裡也變得非常親切。有一個會將自己的故事講給女兒們聽的老友,不失為最好的「愛心父親人選」。敲開馬克斯門的時候,馬克斯嚇了一跳:「朋友,你今天是要去演講嗎?」沒想到,布魯斯從包裡取出一張紙,讀了起來:「雖然我的孿生女兒將來會互親互愛,擁有一個舒適的家,但她們可能將會沒有父親。」「停──」馬克斯覺得布魯斯今天有點反常,布魯斯示意讓他唸完:「你願意幫助我履行父親的職責嗎?你願意傾聽她

第三輯　夢想也要溫暖，那些目光一路相伴

們訴說心事嗎？你願意回答她們的疑問嗎？你願意經常帶她們出去吃午餐嗎？你願意無數次地耐心觀看她們學跳芭蕾舞嗎？你願意經常給她們提出人生忠告嗎？你願意在她們面臨困難時幫助她們嗎？你願意充當我的聲音嗎……」

布魯斯唸完後，大汗淋漓，他覺得念這封信的感情已經超越自己以前寫過的任何情書，甚至超過了曾對妻子寫下的求愛信。他擦了擦汗，這才抬起頭看了看嘴巴張得大大的馬克斯。「嘿！我得了絕症，不是愚人節的玩笑，是真的，老友！」就這樣，兩個男人坐在一張小桌前達成了協議，馬克斯抱著布魯斯有些哽咽，這個身體強壯的大男人拍著布魯斯的肩膀道：「上帝會保佑你的，愛心父親沒有問題，不過你一定要撐住啊！」說完痛哭流涕了起來。布魯斯很開心自己的第一次應徵就取得了成功，他沒有哭，轉身向第二個朋友家走去。

第二個朋友是最可能拒絕他的人，因為他是布魯斯應徵啟事中「時尚父親」的最佳人選，戴維·布萊克 50 歲，也是和布魯斯共事最久的朋友，他是一名文學代理商，戴維喜歡任何現代時尚的東西。而之所以選他，是因為布魯斯認為，孩子以後的發展需要一個懂得規劃人生的父親的指導和幫助。

但是戴維是個獨身主義者，他自己沒有孩子，家裡除了

絕症父親的「父親委員會」

自己就是一隻聰明的拉布拉多犬,所以這突如其來的父親責任很難被他接受。

推開戴維家的門,他正在對著一幅新收藏的油畫興奮不已,看見布魯斯這副打扮說:「老友,你是要陪我去參加最新的拍賣會嗎?」「不是,我想我有很重要的事情拜託你!」見布魯斯這麼嚴肅,戴維也坐了下來。當布魯斯唸完這封信後,戴維的反應與他料想得一樣,戴維立即拒絕了:「布魯斯,我同情你的現狀,但作為父親我顯然不夠格,我沒有做過一天父親。不是我不願意,是我覺得責任太過重大!」布魯斯沒有做過多的解釋,而是直接將戴維帶回了自己的家,此刻一對小女兒正在做遊戲,精靈般的笑聲響徹整幢房子。看見這個打扮時尚的叔叔,她們禮貌地向戴維打招呼。恰逢這天,孩子們的寵物──一隻比熊犬要生小寶寶,小寶貝們一聽到消息全跑到小狗身邊。孩子們輕輕地安慰著她們的寵物,看著狗媽媽痛苦的神情,小一點的女兒也跟著哭了出來。這一幕深深地震撼了戴維,孩子們是最純潔的天使,失去了父親將是多麼嚴重的打擊,她們太需要人幫助了。於是,戴維也蹲下來,幫助小狗完成了生產,抱著懷裡可愛的小狗崽,戴維心裡似乎有了答案。就這樣,經過慎重考慮,一週後戴維給了布魯斯最後的答案,願意作為寶貝們的「時尚父親」,將來會盡力幫助這對女孩實現她們的人生夢想。

第三輯　夢想也要溫暖，那些目光一路相伴

　　就這樣，經過連續一年的初選、面試和試用，「旅遊父親」選定了老友傑夫·夏姆林，49歲，是一家旅遊公司的老闆，他和布魯斯認識了20多年，和布魯斯一樣都愛好旅遊，可以帶著小女兒們到她們想去的世界任何一個角落旅行。「老朋友父親」則選定了班·愛德華茲，45歲，是骨骼放射學家。班和布魯斯是童年好友。在試用過程中，班經常帶這對孿生女兒們到他和布魯斯小時候常去的一條運河邊遊玩，並告訴她們當年曾和她們的父親一起在這裡捉蝌蚪。「創造力父親」是約書亞·拉莫，41歲，他是商業顧問和特技飛行員。在應徵「創造力父親」時，他認真地擬出計畫，要教這對雙胞胎背莎士比亞的十四行詩，教她們欣賞奧地利作曲家馬勒的交響樂，告訴她們如何才能在生活中輕易地發現美。「詢問者父親」則是孩子們自己選的，他叫班·謝沃德，46歲，電視製片人、艾美獎得主，孩子們從電視上認識他，對他非常崇拜，很喜歡問他問題，而本也會耐心地講解，他稱自己會教這對雙胞胎如何追尋人生真理，追求美好的事物。

　　又一個聖誕節來臨，布魯斯必須要進入醫院進行化療，雖然知道自己的病無法逆轉，但是他越來越貪戀自己在這世上的最後日子。女兒們不知道爸爸的病，卻一下子在生活裡多出了6個爸爸，她們每天都很新鮮，每天都不孤獨，唯獨週日是留給布魯斯的，因為他能從醫院回來聽孩子們講講一

絕症父親的「父親委員會」

週的關於「新爸爸們」的故事。布魯斯對老友們充滿了感激，但是內心深處卻又免不了失落，一次女兒們在講到「老朋友父親」班帶她們去看了動物園裡最可愛的斑馬後，他眼眶含淚，如今連這最簡單的要求，自己也無法做到了。不過，女兒們一聲聲「爸爸，你什麼時候可以天天陪著我們？你什麼時候能去看我在班裡的新畫作？你什麼時候能烤我最喜歡吃的鬆餅？」又讓布魯斯覺得，女兒們很需要他，他必須為了她們，努力多活一天，再多一天！

就這樣，布魯斯在雙胞胎女兒和 6 位老友的鼓勵下，努力恢復。儘管當布魯斯接受癌症治療時，他一度 9 個月臥床不起，並失去了所有頭髮和眉毛，甚至無法走路，他認為自己馬上就要死了。但奇蹟還是發生了，布魯斯接受癌症治療後，竟奇蹟般地康復了，醫生檢查發現，他體內的癌細胞已經消失了。不過，醫生仍然無法擔保他的癌細胞不會捲土重來。由於布魯斯並沒有不治身亡，所以他親手為女兒挑選的「父親委員會」沒有派上原計畫中的用場。

確定自己完全康復的那天，6 個老友將聘書還給了布魯斯，布魯斯急忙說道：「我現在好了，但是不一定以後不會復發啊，這可是簽的終身合約啊！」但是 6 位老友都沒有理會他的抗議，而是抱起一對可愛的小寶貝，走進了屋裡。布魯斯跟了進去，看見了這樣一幅情景，六個非常優秀的大男

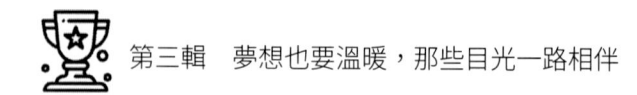

人圍坐在兩個天使般的寶貝周圍,有說有笑,女兒們非常開心,大聲叫著布魯斯:「爸爸,你知道嗎?同學們都很羨慕我們,因為我們有 7 個爸爸!」一時間屋子裡笑聲一片⋯⋯

第四輯
想綻放奇蹟，每個情節都生動

　　這個世界上，沒有人可以拒絕奇蹟！在夢想者的世界裡，奇蹟是一顆玲瓏之心，讓追求之路的風景也變得生動。

　　那顆心跳動著，那麼有節奏和鮮活，又那麼歡樂，讓人不由心生嚮往。你能成為奇蹟的擁有者嗎？

　　其實，你就是一個奇蹟，在流逝的日子裡，光彩奪目！

第四輯　想綻放奇蹟，每個情節都生動

英吉利=13.5 小時

英吉利海峽最窄處位於英國多佛和法國加萊之間，全長34公里，這是地理常識。但一個叫菲利普・克羅松的男子，用他無四肢的身體告訴我們── 英吉利海峽寬13.5小時。

克羅松出生於法國。他從小便熱愛游泳，喜歡身體漂浮於水面上的自在感，喜歡四肢撥水推動身體前進。只要有空，克羅松便會前往任一江河湖海，或者室內游泳池，與水為親。但意外在他26歲那年發生了。

一天，克羅松到屋頂搬動電視天線，不幸被附近一條高壓電線傳導的電流所擊中。在醫生的全力搶救下，他撿回了一條命，原本粗壯有力的四肢卻被截除了。對於失去四肢的克羅松而言，再下水游泳成了難以實現的夢想。看著波光粼粼的水面，他禁不住心痛：「難道我就這樣永遠告別游泳嗎？」

「不，這不是我所想要的！」在短暫的苦悶後，克羅松對自己說。他發誓要再回水中繼續游泳。沉思良久，他替自己安上了有腳蹼的特製義肢。看到克羅松怪異的樣子，有人取笑道：「連手腳都沒有還想游泳，真是痴心妄想。」

英吉利 =13.5 小時

克羅松沒有理會這樣的冷嘲熱諷，堅持己見地進入了水中。但他接下來的遭遇，給那些取笑者落下了口實。

由於沒有熟悉的四肢撥動水，克羅松像石頭一樣向水底沉去。被人救上岸，在經過短暫休息後，不服輸的他再度進入了水中。就這樣，一次又一次地嘗試，克羅松終於能夠靈活地運用帶有腳蹼的特製義肢在水裡游來游去了。

兩年前，克羅松與家人一起到加萊旅遊。在沙灘上，感受著大海的遼闊壯觀，他有了一種強烈的衝動，橫渡眼前的英吉利海峽，用殘缺的身體去丈量英吉利海峽。家人得知他的想法後，認為這很瘋狂。

他們理由充分，這裡儘管是英吉利海峽的最窄處，但也有 34 公里寬。對於四肢健全的普通人來說，34 公里的海面也是很難踰越的天塹，何況是一個失去四肢的殘疾人呢？但克羅松認為，四肢健全的普通人不能完成的事，並不等於他不能完成。

旅行結束時，克羅松說服了起初持反對意見的家人。隨後，他開始了橫渡英吉利海峽的準備 —— 無論天晴落雨，他每天都要去水中練習幾個小時。克羅松知道，橫渡英吉利海峽，光有恆心是不夠的，必須有足夠的耐力。經過兩年多孜孜不倦的準備，他覺得自己做好了充足的準備，橫渡英吉利海峽的時機已到。

第四輯　想綻放奇蹟，每個情節都生動

克羅松的想法是從英國游回法國，讓親人們守候在法國海岸見證他的奇蹟，為他而驕傲。他打算從英國肯特郡的福克斯通下水，游回法國加萊。

那天的清晨 6 點，克羅松跳進了涼意十足的海水中，開始了他的橫渡英吉利海峽之旅。湧動的海浪衝擊著他，在浩瀚的大海裡，克羅松顯得那樣渺小。隨著入水時間增加，在鹽濃度極高的海水浸泡下，克羅松感覺全身的每一處都在痛。儘管如此，他並沒有打算放棄，也沒有想過不會成功。在海水環繞中，克羅松只有一個念頭：「哪怕是漂，我也要漂回法國。」

不屈不撓的克羅松，成了大海裡一道至美的風景。跟隨伴護的人們，被他在水中艱難掙扎的身影所深深打動。途中，甚至有三條海豚被克羅松所吸引，來到他的身邊伴游。經過 13.5 小時的努力，克羅松於晚上 8 點左右抵達了加萊格里內角海岸。

這個時間，比他起初預計的 24 小時快了將近一半。

看著在海岸等待已久的親人們，克羅松感覺幸福極了。面對採訪的記者，克羅松笑著說：「決定橫渡英吉利海峽時，我做好了最壞打算，實在不行，漂也要漂回法國。但事實是，我游回了法國。令人興奮的是，我真正知道了英吉利海

峽的寬度，它寬 13.5 小時。不過，這是我的寬度，或許你的寬度不一樣。」

英吉利海峽寬 13.5 小時！這是專屬於克羅松的寬度。他在用無四肢的身體說出這個答案時，也創下了世界上第一個四肢均殘者成功橫渡英吉利海峽的紀錄。獲悉他的這一壯舉，法國前總統薩科吉寫信對他表示了熱烈祝賀，稱讚他創造了偉大的奇蹟，用身體完美丈量了英吉利海峽。

第四輯　想綻放奇蹟，每個情節都生動

母愛的堅守

「你生下了一雙兒女。但對不起，我們只救活了姐姐艾蜜莉，沒能救活弟弟傑米！」醫生低沉的嗓音讓凱特頭暈目眩，搖搖欲墜。身側的丈夫大衛眼疾手快，趕緊將她扶住。

從醫生手裡接過已經包裹起來的傑米，凱特傷心欲絕：「親愛的，這不是真的，我們的傑米不會就這樣死去！」在丈夫大衛的幫助下，她輕輕開啟了包裹傑米的毯子。傑米小小的手臂和腿，軟軟地耷拉著，似乎要從他的身上掉下來一般。眼前毫無生氣的傑米，讓凱特心神俱痛。

半年前，獲悉自己身懷雙胞胎，凱特的心沉浸在無以言述的幸福中。她滿心歡喜地等待著，希望兩個孩子能健康地來到這個世界上。或許是對這個世界的嚮往太過殷切，在凱特懷孕27周時，肚中的兩個小傢伙便躁動起來。經過醫生的悉心照料，女嬰艾蜜莉幸運地存活了下來。但男嬰傑米剛一出生便沒了呼吸，醫生在對其進行數十分鐘的緊急搶救後，不得不宣告其已經死亡。

凱特抱緊傑米，對醫生的宣告置若罔聞：「我的傑米沒有死，他一定還活著！」如此想過後，她脫掉病袍，讓傑米

母愛的堅守

的頭枕在自己的手臂上,然後用另一隻手輕輕撫摸他。凱特在進行這些動作時,懷裡小小的傑米依舊一動不動。但她沒打算放棄。看著傑米,凱特和丈夫大衛輕聲言語:「親愛的,你知道嗎?爸爸媽媽給你取名傑米,你還有一個姐姐叫艾蜜莉!」「你不要一直這樣睡覺好嗎?快快醒來,這輩子我們一家還有很多事情要一起去做!」「親愛的,你聽到了嗎?爸爸媽媽很愛你,你也一定捨不得離開爸爸媽媽!」

良久,凱特感覺傑米輕微地吸了一口氣。「他真的還活著!」凱特興奮地對醫生大聲喊道。但醫生告訴她,這只是人死後的反射作用。醫生的解釋並未讓凱特和丈夫大衛停止呼喚。偶然吸氣的傑米給了凱特更多信心:「我的傑米一定還活著」。她繼續堅守著。突然,凱特感到懷中的傑米好像受驚一般輕輕動了動,隨後竟開始越來越頻繁地吸氣。突如其來的一幕,讓凱特和丈夫大衛的心跳驟然加快:「天啊,我們的傑米真的還活著!」

凱特抱著傑米的手輕輕地用了用力,想讓他更切實地感覺到她的溫暖。兩個小時後,在被醫生宣告死亡兩個小時後,傑米竟然奇蹟般地睜了睜小小的眼睛,甚至還轉了轉頭。凱特不再猶豫,趕緊讓助產士告訴醫生,說孩子有存活的希望。然而,醫生堅持認為傑米不可能還活著,他們看到的只是反射作用。為了向醫生證實傑米依舊活著,凱特在手

第四輯 想綻放奇蹟,每個情節都生動

指上沾了一點母乳給他,小傢伙竟然輕輕地吸了進去。隨後,傑米開始了正常地呼吸。這時,前來探視的醫生,在聽了聽傑米的心跳後,連連搖著頭說:「真是太難以置信了,你們戰勝了死神!」

在隨後參加的澳洲一電視訪談節目《今日今夜》上,凱特的丈夫大衛深情地看著凱特說:「能有凱特這樣堅強、聰明的妻子,真是太幸運了。她所做的一切,都是出於對傑米的愛。如果沒有她鍥而不捨的堅守,我們的傑米就可能真的不存在了。」我們都知道母愛很偉大,但是你能夠想像得到,這種力量竟然強大到了可以戰勝死神的地步嗎?凱特用母愛力量的堅守,讓本已被醫生宣告死亡的孩子再現生機,給了你足夠的想像。凱特創造的不可思議的奇蹟向我們昭示,母愛的力量真的是戰無不勝。

小羊藏刀

羊肉湯店老闆為了標榜自己店裡提供的羊肉肉質鮮活味美，特在店門口設了一個宰殺活羊的現場。這天，老闆把一大一小兩隻羊牽到店門口，叮囑店員趕緊將大羊宰殺。店員把屠刀放在兩隻羊旁邊的長凳上，轉身進屋拿盆子以備接羊血。意外在這不到兩分鐘的時間發生了。

店員把盆子拿出來後，無論怎麼找都找不到放在凳子上的那把屠刀。店員問店裡其他人，其他人都說沒看到刀子。突然，有人在一旁插話：「誰要是把刀子拿去行凶，那可就是提供凶器的罪了！」這話讓被安排宰殺羊的店員無比心急，嚇得額頭上汗水直流。然而，那把屠刀就像飛到了天上一般，蹤影全無。

看著緊張得汗水直流的店員，大家勸他不要害怕。這時，有人大聲叫了起來：「你們看，那兩隻羊在流淚呢！好稀奇哦！」

聽到這個人的叫聲，所有人的目光齊刷刷地看向了一大一小兩隻羊。在眾人的目光裡，大羊正低著頭，眼角下的毛皮也被淚水浸溼，正用舌頭一下下地舔舐趴在地上的小羊。

而仰望著大羊的小羊,眼睛裡也是淚水汪汪。這一幕,讓在場的所有人心裡都不禁一顫。「難道這兩隻羊知道它們即將面臨生離死別嗎?」有人忍不住喃喃自語。

眼前這一幕,讓羊肉湯店的老闆想起了賣羊人曾說過的話,他說這兩隻羊是母子。老闆心想:「或許真如他說的那樣,這對母子知道離別在即,正在惜別呢!」想到這裡,老闆突然動了惻隱之心,不管眼前這兩隻羊是因為惜別而流淚,還是別的什麼原因,他都讓店員趕緊將小羊牽走,不讓牠親眼看到大羊被宰殺的場景。店員費了很大勁,才把趴著身體的小羊牽起來。站起身的小羊,令在場的所有人都不可思議地睜大了眼睛。

在小羊剛才趴過的地方,一把亮閃閃的刀子橫擺在地上。看見刀子,店員興奮地叫了起來:「這就是我放在凳子上的刀子!」其他人聽到店員的叫喊聲,突然像明白了什麼似的,有一種想流淚的衝動:「一定是小羊將凳子上的屠刀藏到了身下!」在場的所有人眼前突然幻化出這樣一幕:小羊充滿畏懼地靠近凳子,用牠那吃草的嘴銜起寒光閃閃的刀子,而後戰戰兢兢地走回大羊身邊,將刀子放在地上,再用還未成熟的身體趴在冰冷的刀子上面……

老闆沒有再讓店員宰殺這一大一小兩隻羊,而是將牠們牽到野外放了生。隨後幾天,老闆的眼前總是出現兩隻羊流

小羊藏刀

淚的場景,以及那令人心震撼的小羊身下閃著寒光的刀子。再之後,老闆將自己開了十多年且生意興隆的羊肉湯店關掉了。幾個月後,人們再經過那家曾經的羊肉湯店所在地時,發現曾經的羊肉湯店變成了一家小動物醫院,曾經的羊肉湯店老闆正在裡面忙碌。不過,此時他不再是羊肉湯店老闆,而是這家小動物醫院的老闆。

這是報紙上的一則新聞,記者說這是發生在生活中的一件真實的事。不知道會有多少人相信新聞裡說的這件事,但一定會有人選擇去相信。人們選擇相信這則新聞真實性的道理很簡單,人心向善,人們總是希望這個世界上像小羊和羊肉湯店老闆一樣的人再多些。若真如此,我們這個世界一定會處處洋溢著善和愛的芬芳。

第四輯　想綻放奇蹟，每個情節都生動

22 歲單親媽媽的逆襲

凱特在社群網站上晒出了一顆價值 24.2 萬英鎊的鑽石。當然，她是這顆鑽石的主人。在燈光的照射下，那顆鑽石煥發出了耀眼的光芒。圍觀者都忍不住驚嘆：「哇，好美麗的鑽石，好奢華的生活。」

不錯，用「奢華」一詞來總結凱特現在的生活，當真是再恰當不過了。日常生活中，她穿的用的都是頂級名牌，出去旅行住的也是上千英鎊一晚的高級飯店。在凱特過著極為光鮮極為體面的生活時，還有誰能夠記起，在她 22 歲那年，大家都在同情她，認為她的未來會黯淡無光，生活會非常艱難。

22 歲那年發生的事情，是凱特人生的一個巨大轉捩點。這一年，她意外地懷孕了。生活中，我們常看到一些年輕女孩在未婚懷孕後，害怕地選擇了人工流產。凱特會這樣做嗎？在短暫的驚慌後，她告訴自己：「這個世界沒有過不去的坎，只要堅持堅持，挺一挺就過去了。」如此想過的她，沒有成為那些女孩中的一員，而是將朋友們「你會因此離開學校，未來會過得很艱苦」的勸告置諸腦後，做出了一個大膽

的決定：生下孩子，做個好媽媽。

凱特知道，做好媽媽，就要為孩子創造良好的生活條件。因此，生下女兒後，在許多的擔憂目光裡，她沒有離開學校，而是一邊學習，一邊打工，一邊照顧女兒。由於打工的時間不多，凱特的薪水很低。如此，她的生活非常困窘。一些看不下去的朋友向她伸出了援助之手。在人們詫異的目光裡，她卻選擇了拒絕。

拒絕援助，不是凱特放不下面子，而是她認為，必須依靠自己堅持下去，只有這樣才能成為女兒的榜樣。如果遇到一點困難就接受了他人的援助，可能會消磨她堅持的決心，產生懈怠心理。凱特不想懈怠。

她對自己說：「再堅持堅持就挺過去了！」也正是這種心理的驅動，凱特並沒有退學，而是選擇繼續攻讀大學商業管理學位。時間對她來說顯得尤為珍貴。為了好好學習，還要賺錢養活自己和女兒，她必須抓緊每分每秒。在其他人週末出去玩樂，到酒吧喝酒時，凱特在學習、打工，或者陪伴女兒中度過。「只有把握好生活的每一秒，我才能掌控自己和女兒的未來。」凱特這樣想著。

爭分奪秒的凱特，生活得很不容易。但朋友們發現，不管如何艱難，如何不容易，凱特都非常注意個人形象，注重衣著打扮，始終以最光鮮亮麗的形象出現在朋友們面前。凱

第四輯　想綻放奇蹟，每個情節都生動

　　特覺得，在所有人都認為你落魄的時候，你更應該自信，更應該堅持自己的美好。她從來不放棄堅持，不放棄希望，她始終笑對人生。凱特相信，只要堅持不懈，她和女兒就可以擁有美好的未來。依靠自己的勇敢堅持，她終於大學畢業了，不用既要照顧女兒，又要學習，還打工賺錢。與過去相比，凱特覺得生活簡單了很多。

　　看著可愛的女兒，凱特想起了「成為好媽媽」的那個願望。她決定創業，開了一家製革店。或許是凱特一直以來的堅持感動了上帝吧，她製革店的業務出奇的好。很快，她便賺到了人生的第一桶金。但凱特並沒有滿足已經取得的那點成績，因為女兒在看著她，她覺得好媽媽就應該不停地堅持，成為女兒的榜樣。

　　在製革店的基礎上，凱特又涉足美容領域，開了一家美容院。在生意上，不管遭遇什麼困難，她都沒有想過放棄，她一直記得自己對自己說的話：「堅持堅持，挺一挺就過去了。」凱特的堅持獲得了豐厚的回報，才20出頭，便賺到了人生的第一個100萬。但她沒有停下來，繼續堅持著，並最終成了利物浦文物市場的所有者。

　　成功後的凱特，成了他人豔羨的對象。凱特認為，她之所以能夠在幾乎所有人都不看好她的未來的情況下完成逆襲，唯一依靠的便是自己的堅持，不向生活的晦暗低頭，甚

至還將生活的晦暗面當成堅持下去的最好理由。依靠堅持，凱特從 22 歲那年除了女兒外一無所有，到後來取得了事業上的成功，並再次贏得了真摯的愛情，嫁給了一個叫葛拉漢的男子，又生下了一對可愛的雙胞胎寶寶。

單親媽媽凱特的完美逆襲，向我們陳述了這樣一個事實：即便天下所有人都看輕你，你都不能看輕自己，因為那些看輕你的人，他們不可能看到你的未來，能真正掌控你自己未來的那個人，只能有你自己。

第四輯　想綻放奇蹟，每個情節都生動

只剩 500 元闖蕩大城市

　　初到繁華的大城市，我對此行充滿了必勝的信心。心想憑藉自己的能力，找個收入好且又輕閒的職業，肯定輕而易舉。然而，20 多天過去了，我身上所帶的 5,000 多元已經花得所剩無幾，仍舊是無業遊民一個。摸摸口袋，裡面有幾張皺巴巴的紙幣，加在一起共有 500 元，它們是我全部的家底。

　　500 元，在消費驚人的大城市能夠堅持多久呢？一天，兩天……想著隨時可能流浪街頭，我無法不憂心忡忡。我心灰意冷地從旅館裡搬了出來，帶著簡單的行李前往火車站，準備回家，當一個失敗的逃兵。在人群熙熙攘攘的候車室裡，看著那些依依惜別的場景，我想到了當初朋友們為我送行的場景。是時，我信誓旦旦地告訴過朋友們，說你們就等著哥兒們衣錦還鄉的那一天吧！如果我就這樣落魄地回去，朋友們不笑掉大牙，那才是怪事呢！

　　經過慎重思考，我決定破釜沉舟，用身上這最後的 500 元再搏一番！走出喧囂嘈雜的火車站，我買了一個 20 元的水煎包。這時，我身上只剩下 480 元了。

　　在火車站出口，我看見一個中年婦女正東張西望，她的

前面放著兩個皮箱。「她可能提不動那兩個皮箱吧？」如此想過後，我走到了那位中年女士面前，對她說：「女士，需要幫忙嗎？」

中年婦女沒有回答我，用充滿疑惑的目光看了我片刻後，輕輕地點了點頭。在她的同意下，我提著她的皮箱走到了一輛計程車面前。隨後，在她的示意下，我將皮箱放到了計程車的後車箱裡。辦完這一切，我拍拍手，準備轉身走開。突然，中年婦女從小巧精緻的手提包裡掏出了一張100元的鈔票，遞到我面前說：「謝謝！這是你的報酬。」

看著那張在風中搖曳的100元紙鈔，原本很想拒絕的，因為我是抱著幫助人的心理提皮箱的，但稍做猶豫，還是從中年婦女手裡接過了那張100元紙鈔。錢是現在的我迫切需要的，再說我也為她付出了自己的勞動，得到報酬也沒有什麼不好意思的。我的480塊錢剎那間變成了580元。中年婦女所給的這100元，是我抵達這個城市以後賺到的第一筆報酬。拿著錢，我感慨不已。

之後，我在所買的那張報紙上找到了一份自感適合的工作。然而，經過一天的奔忙，我依然是無業遊民一個。但我早有心理準備，並沒有因此失望，我決定第二天繼續戰鬥。

翌日晨，我花50元吃了一頓飽飽的早餐。早餐後，我身上還剩下530元。

第四輯　想綻放奇蹟，每個情節都生動

這一天，我的運氣比較好，竟然找到了一家廣告公司，幫他們在大街上散發傳單。忍受著過往大多數人的不理不睬，我又賺到了 500 元的報酬。

就這樣，在接下來的五六天裡，我那最後的 500 元一直沒有用完，不僅沒有用完，還越變越多。

天無絕人之路，在我的努力堅持下，老天終於將好運降臨到了我的身上。幾天後，我找到了一家願意試用我的小報社。上班的第一天，我便以出色的採訪能力和文字功底，為報紙寫出了一篇專欄，獲得了老闆的賞識，很快被轉正留了下來。

後來，我離開了那家小報，入職一家享譽全國的大報社，並且在業內小有聲氣。

而今，我已經在這個城市待了 10 多年時間，有了自己的房子，有了車子，有了幸福的家庭。那讓我堅持留下來的 500 元，已經呈幾何數地成長了很多倍。要是當初用這 500 元回了家，現在的我又該是個什麼樣子呢？實在很難想像，或許會被打擊得一直萎靡不振，一事無成。

朋友所講述的他在大城市落魄奮鬥的經歷，讓我感慨良多：很多時候，所謂的絕境其實並非真正的絕境，只要我們勇敢地堅持下去，一定會看到更美的風景。

「飛魚」傳奇

2016 年 8 月 21 日,里約奧運拉上了帷幕。有「飛魚」之稱的美國選手菲爾普斯在本屆奧運上豪取 5 面金牌,將個人奧運冠軍金牌紀錄刷新到了 23 個,成為名副其實的奧運冠軍王。

在驚嘆菲爾普斯的傲人成績時,人們絕不會想到,小時候的他曾經是個「問題少年」—— 患有過動症,被人鄙視。到底是什麼力量,讓菲爾普斯完成不可思議的冠軍逆轉的呢?

問題少年?游泳神童!

1985 年 6 月,麥可·菲爾普斯出生在美國馬里蘭州郊區的一個小鎮上。在幼稚園,他總是因為和別人搶玩具或是上課時溜出教室被老師罰站。母親黛比很擔心,將菲爾普斯帶到醫院檢查,發現他患有嚴重的過動症。

為給菲爾普斯進行治療,黛比接受醫生的建議,將他和兩個姐姐送到巴爾的摩水上俱樂部參加游泳訓練。第一次來到水上俱樂部,菲爾普斯在裡面大喊大叫:「我是世界冠

第四輯　想綻放奇蹟，每個情節都生動

軍！」菲爾普斯的興奮，讓黛比感到欣慰：「或許游泳真有神奇的治療效果。」但黛比很快再度擔憂起來，游泳治療效果並不明顯。在學校，菲爾普斯仍無法做到完整地上完一節課，同學們都嘲笑他「是一隻安靜不下來的猴子」。同學們的嘲笑讓他很難過。在游泳俱樂部，菲爾普斯的二姐惠特妮頻頻受到教練稱讚，大姐希拉蕊也被譽為「天生的游泳者」。唯有當初大喊大叫「我是世界冠軍」的菲爾普斯不被任何教練看好。

1995 年春天，巴爾的摩水上俱樂部來了一位名叫鮑曼的教練。鮑曼到來第一天，在與所有孩子一起分享雪糕時，發現菲爾普斯仍然在泳池裡自顧玩水。對他不了解的鮑曼問其他孩子：「他的游泳很出色嗎？」其他孩子哈哈大笑道：「這隻多動的猴子，游泳太笨了。」好奇的鮑曼下到水裡，要菲爾普斯游幾圈給他看看。一向不受教練喜歡的菲爾普斯很高興，不知疲倦地在泳道裡來回穿梭。鮑曼驚奇地發現，菲爾普斯儘管泳姿不夠標準，但身體與水的吻合度近乎完美。

鮑曼激動不已，主動找到黛比，說他很樂意成為菲爾普斯的教練。幾年來，黛比在醫生建議下不斷給菲爾普斯吃藥治療，效果都不明顯，她很苦惱，擔心這樣下去兒子前程堪憂。有教練願意管菲爾普斯，黛比非常樂意。

之後，無論是對鮑曼，還是對菲爾普斯，都是一種磨

練。鮑曼發現菲爾普斯的狀態很不穩定。有時,這個 11 歲的小男孩能夠不知疲憊地游上兩三個小時,速度和姿勢幾乎可以和任何一位職業選手相媲美。有時,他只游完 200 公尺就筋疲力盡了。鮑曼決定到菲爾普斯家中去一趟,尋找問題癥結所在。還在菲爾普斯家門外,鮑曼就聽見黛比在大聲訓斥菲爾普斯。原來,菲爾普斯對學習不感興趣,這次考試成績很糟糕。黛比很生氣,罰他不吃晚飯。這次家訪讓鮑曼知道,菲爾普斯不夠穩定的狀態或許來自母親的壓力。

鮑曼進門後,氣急敗壞的黛比衝他大發雷霆,說兒子根本不是什麼游泳天才,不希望他再與水為伴,荒廢學業。鮑曼說:「夫人,如果我保證讓菲爾普斯學習游泳兩不誤,您能答應他繼續游泳嗎?」黛比還沒回答,菲爾普斯就在旁邊大聲說:「媽媽,我不要再吃那些藥了,我能夠控制自己。如果您繼續讓我游泳,我保證學習會好起來。」菲爾普斯堅決的態度感動了黛比。

來自母親的壓力減輕後,在鮑曼科學訓練下,菲爾普斯的游泳天賦被一步一步挖掘了出來。他開始代表學校和俱樂部參加州裡的比賽,並在蝶式和自由式的項目中一直處於冠軍地位。1996 年,菲爾普斯身高達到了 170 公分。但不妙的是,他的上下軀體比例嚴重失調:手臂太長,下肢相對較短,還出現了駝背跡象。菲爾普斯的長相被很多人嘲笑為「一隻

第四輯　想綻放奇蹟，每個情節都生動

沒有完全進化的類人猿」。

這種嘲笑嚴重打擊了菲爾普斯，促使他要不斷取得成功，以回應那些嘲笑。但要命的是，在學校常規體育鍛鍊中，菲爾普斯總是在跑道上失去重心，不時摔倒在地。而到了水裡，菲爾普斯這副比例失調的身體，卻得到了充分發揮。在泳池中，他長長的手臂可以幫助他提早觸控到電子計時器，被人嘲笑的駝背成了能與水緊密結合的最佳弧線。

在巴爾的摩，在水裡才信心滿滿的菲爾普斯一次次不可思議地刷新著州游泳紀錄，他成了婦孺皆知的游泳神童。

以「愛」的名義阻截愛

菲爾普斯在水裡非常自信，在陸地上卻很自卑。為樹立他始終如一的自信，鮑曼不時告訴他：「菲爾普斯，你是最棒的！」

看到兒子的進步，黛比很感謝鮑曼。為表示謝意，她時常邀請他到家裡吃晚餐，這讓和鮑曼建立了深厚情誼的菲爾普斯非常興奮。

那時，菲爾普斯的二姐惠特妮正在國家集訓隊為巴塞隆納奧運備戰。二姐一直是菲爾普斯心中的英雄，是他前進的動力和目標。他暗下決心，爭取進入 2000 年雪梨奧運國家集

訓隊。離巴塞隆納奧運的舉辦僅有一個月時，不幸從國家游泳集訓館中傳到了家裡，惠特妮在一次訓練中意外拉傷肩背肌肉，無緣奧運。看到母親黛比如此傷心，菲爾普斯說：「二姐不能參加奧運，我來實現她的願望吧！」

從1996年到2000年，鮑曼對菲爾普斯展開了魔鬼式訓練，每天五點半起床後，要他做的第一件事就是戴上泳帽直奔游泳池。按照鮑曼的計畫，菲爾普斯每天都要游11公里左右。長期超強度的訓練使得菲爾普斯胃口驚人，心情愉快時，他一頓可以吃下8個雞蛋加8個漢堡。這時，他剛滿15歲。

遺憾的是，在雪梨奧運上，菲爾普斯敗給了澳洲索普等強大游泳選手，在男子200公尺蝶式中，僅獲得第5名。4年的熱血和汗水就這樣付諸東流，菲爾普斯很沮喪。回家後，他把自己反鎖在房間裡，連吃飯也不出門。在鮑曼和黛比母女心急如焚時，《華盛頓郵報》在體育版面上發表了一篇體育評論專家的文章。這位專家捨棄了許多在雪梨奧運上獲得金牌的選手，卻對僅獲第5名的菲爾普斯情有獨鍾。因為菲爾普斯是1932年以來美國最年輕的世界級游泳選手。在分析了菲爾普斯的體型和游泳技巧後，他斷言4年後的雅典，菲爾普斯將是最耀眼的天才級明星。

這篇文章在美國引起了軒然大波，很多沒有關注過菲爾

第四輯　想綻放奇蹟，每個情節都生動

普斯的人開始蒐集他的資料。巴爾的摩的少女們更是為這個男孩而瘋狂。她們狂熱地給菲爾普斯寫信，甚至親自跑到他的家門外高呼：「我愛你！」從受冷落到倍受熱捧，菲爾普斯顯得有些手足無措，感到恐懼和驚慌。過去 15 年裡，他一直生活在別人的冷眼和嘲笑中──學習成績很糟糕，連走路都要摔倒，不僅駝背，還有輕度色盲症。現在，這些缺點都變成了優點。

鮑曼擔心這無休止的騷擾會毀了菲爾普斯。俱樂部雖然能阻擋大多數媒體記者，卻無法阻擋瘋狂崇拜菲爾普斯的女孩們。她們像虔誠的聖徒一樣，從四面八方來到了俱樂部，加入業餘游泳學習班，想盡辦法與菲爾普斯接觸。對正處於青春期的男孩來說，年輕漂亮的女孩是致命的誘惑。一旦被邱比特箭射中，說不定會逐漸在運動中失去自控和耐心。鮑曼決定：「必須在愛情沒來到菲爾普斯心裡前，就將其拒之門外。」

鮑曼將打算告訴了黛比。她贊成他的想法，甚至請了兩個月假，專門到俱樂部幫鮑曼「看住」那些或許會擾亂兒子心志的女孩們，將多年的教育經驗運用到了「阻截」女孩們的戰術中。鮑曼更像貼身保鏢一樣接送菲爾普斯。

從雪梨失敗的陰影走出後，菲爾普斯對風情萬種的女孩們毫無知覺，一心只想在雅典創造輝煌，於是女孩們熱情漸

退。在這場浩大的「戰爭」中,巴爾的摩水上俱樂部成了最大的贏家。因為菲爾普斯這個強大磁場,他們在秋季這個游泳館的淡季裡收入達 50 萬美元!

全民同愛成就傳奇「飛魚」

雪梨奧運後,在眾多國際知名體育用品商家的支持下,菲爾普斯參加了更多的世界大賽。正如那位專家預測的那樣,菲爾普斯一步步穩健地向著世界冠軍的方向邁進。

2001 年春,距離 16 歲生日還有 3 個月的菲爾普斯,打破了 200 公尺蝶式世界紀錄。而這只是開始。2003 年 6 月 29 日,菲爾普斯又創造了新的 200 公尺個人混合式世界紀錄。一個月後,在巴塞隆納世界游泳錦標賽上,他一舉打破了 5 項世界紀錄。

同年 8 月 9 日,回到馬里蘭州,他再次刷新了自己創造的 200 公尺個人混合式紀錄。短短 41 天,菲爾普斯創造了 7 個世界紀錄。

這時,菲爾普斯的身高達 193 公分,大腳足有 14 英寸長,高度的柔韌性使他的雙腳彎曲角度比普通人大 15 度,幾乎與脛骨平行。這副鵝蹼一樣的腳掌簡直只有水生動物才具備。他的臂展也已達到 2 公尺,這是任何一個普通人無法達到的。更為重要的是,菲爾普斯表現出了驚人的身體恢復速

第四輯　想綻放奇蹟，每個情節都生動

度，使他能夠在一天內超強度發揮。

美國國家游泳隊的生理學家從菲爾普斯的耳垂取得血液樣本，檢查他血液中的乳酸指數。乳酸是缺氧的標誌，而缺氧將會導致肌肉勞損。檢查結果令人驚嘆，菲爾普斯血液中的乳酸指數為 5.0，一般運動員通常是在 10-15 之間。這表明，他能在短短的 20-25 分鐘內恢復體能。這種能力，即便「天才索普」也遙遙不及。但在陸地體能測驗中，他的得分是全部接受測試的菁英游泳運動員中最差的一個。菲爾普斯為水而生！

不管是否是天才，菲爾普斯都只是個孩子。在泳池裡，他討厭任何人打斷他的訓練。一旦離開泳池，他常常會表現出與年齡不相符的好笑和幼稚。他會為了與姐姐爭要看哪部電影而賭氣不吃飯，還會因為不滿意贊助商提供的泳衣樣式大發雷霆。甚至，他會像一個幼稚園的小孩一樣，向隊友炫耀說他母親是教育官員，引來別人哄堂大笑。

菲爾普斯在世界泳壇越來越有名氣，壓力也與日俱增。媒體不時前來採訪他，一些崇拜者甚至圍堵他。這嚴重干擾了菲爾普斯的正常訓練。鮑曼和黛比商量後，在報紙上發起了「請大家來做菲爾普斯監護人」的活動。他們在發起信中說：「你可能會認為，這種過度的監護是任何一個普通家庭都難以認同的，可是它的存在完全有它的合理性。因為，我們

「飛魚」傳奇

要全力保護的不是一個普通的孩子，他是一個游泳天才，他的使命不僅僅是一次次地走上冠軍的領獎臺，而是要證明人類在泳池中的最高能力。如果這個天才因為駕車受了傷，或是只因為一杯對手放進違禁藥品的飲料而失去了比賽資格，受傷的不僅是他和我們，更是人類的悲劇……所以，請愛護他，給他自由的空間，讓他為我們創造奇蹟！」

鮑曼和黛比的發起信，贏得了美國民眾的廣泛響應。他們親切地稱呼菲爾普斯「飛魚」，相約共同愛護這條會飛的魚。那些以前狂熱追求過菲爾普斯的女孩們，擬訂了幫助他排除干擾的計畫書，以簽名來表示自己不干擾偶像的決心；菲爾普斯作為代言人的商家，也自動減少了菲爾普斯的商業活動；幾家大型廣告公司甚至在寧願遭受損失的情況下，推遲菲爾普斯的廣告計畫。一場轟轟烈烈的「做菲爾普斯監護人」的活動在全美展開了，每個人都在為這個天才少年忙碌著。

鮑曼和黛比發起的這次「請大家來做菲爾普斯監護人」活動，在美國掀起的巨大迴響，這正說明了人們是多麼喜歡孩子一般的菲爾普斯。在公眾呵護下，菲爾普斯更加刻苦地進行游泳訓練。他不能忘記自己初入泳池時大喊的「我是世界冠軍」那句話，他要告訴輕視他的人：「菲爾普斯從來不說假話，不信你就看我對自己宣言的印證。」

第四輯　想綻放奇蹟，每個情節都生動

2004 年 8 月，雅典奧運在菲爾普斯等待了 4 年之後，在希臘隆重開幕。在雅典的泳池裡，他沒有讓那些關心他呵護他的億萬美國民眾失望，他一舉奪得了 6 面金牌 1 面銀牌 1 面銅牌。他成了奧運歷史上第二個在一屆奧運中奪得 8 面獎牌的人。這時，菲爾普斯僅有 19 歲！

隨後幾年裡，菲爾普斯並未停下創造輝煌的腳步，他不斷刷新自己創造的世界紀錄。在 2007 年 3 月澳洲墨爾本舉行的世界游泳錦標賽上，菲爾普斯摘了 7 金破了 5 項世界紀錄。但他對此並不滿足，此時菲爾普斯最大的夢想是超越史必茲（Mark Spitz），美國游泳名將史必茲在 1972 年的慕尼黑奧運中，一人包攬 7 面奧運金牌。菲爾普斯決定，在 2008 年北京第 29 屆夏季奧運上奪得 8 金。

菲爾普斯的豪言壯語，遭到了「魚雷」索普等泳壇名將的質疑，因為要拿到 8 面金牌，不僅要靠他個人的努力，還有來自隊友的鼎力協助。但很快，菲爾普斯的出色表現讓所有的質疑者傻眼了。在北京奧運上，他用不斷破紀錄拿金牌實現了賽前諾言，不僅一舉摘得 8 面金牌，還 7 次打破世界紀錄。

菲爾普斯以 8 面金牌，傲然登上「水立方」之巔，不僅成為北京奧運摘金最多的運動員，而且還以 14 面金牌的總數，成為奧運歷史上擁有金牌最多的運動員。面對他創造的

神話,人們如此評價這位游泳高手:「只要跳下水,就是奧運冠軍;只要觸到壁,就是世界紀錄。」面對連綿不絕的讚譽,菲爾普斯並沒有欣喜若狂,他淡淡地表示:「我想我還可以游得更快,我還可以和自己比,和世界紀錄比。」

2012 年的倫敦奧運上,菲爾普斯再度摘下了 4 金 2 銀。

在又一個 4 年後的 2016 年里約奧運上,菲爾普斯 31 歲了,人們很為運動高齡的他擔憂:「他還能再續傳奇嗎?」菲爾普斯沒有讓喜歡他的人失望,一舉拿下 5 金 1 銀,在 5 屆奧運上共收穫 23 金 3 銀 2 銅。他的這一傳奇成績,史無前例。

有記者問菲爾普斯為什麼能夠取得如此非凡的成績,他紅著臉講述了「笨鳥先飛」的故事。菲爾普斯「笨鳥先飛」的故事沒錯,在他的傲人成績背後,他付出的汗水比別人多許多。但更重要的是,親人、教練和關心他的人,以愛之名,讓他能夠心無旁騖地創造輝煌。

第四輯　想綻放奇蹟，每個情節都生動

亞菲的反擊

　　亞菲是一隻 10 歲左右的雌長吻針鼴，生活在位於太平洋西南部的新幾內亞島。新幾內亞島是現今世上第二大島嶼，其西半島有一座巍峨的大山，海拔 2,000 多公尺，叫福賈山。福賈山山谷一帶，是茂密的熱帶雨林。這片茂密的熱帶雨林人跡罕至，是各種動物棲息的天堂。沿福賈山舒緩的山勢而上，高大的林木漸稀，取而代之的是低矮的灌木叢。亞菲和牠的同類們便自信而冷靜地活躍在這些低矮的灌木叢裡。

　　作為一隻長吻針鼴，亞菲有足夠使牠保持冷靜和自信的理由：略微下彎呈管狀的長嘴裡長著長長的舌頭，舌頭上沾滿的黏液，可以讓牠愛吃的蟻類無所遁形；背部布滿的尖利長針毛，足以讓任何威脅牠安全的敵人感到懼怕。在福賈山一帶進行科學考察的動物學家沃克．哈姆博士，對長吻針鼴亞菲的追蹤研究中，很為牠捕食時的冷靜和面對敵害時表現出的自信所折服。一個陽光燦爛的日子，哈姆博士跟著亞菲攀爬到了福賈山半山腰。在一叢綠意盎然的灌木根部，亞菲停了下來，略微下彎的長嘴裡不時吐出沾滿黏液的長舌，使

亞菲的反擊

勁捲吸著四處亂逃的螞蟻。吸食這些對林木有危害的螞蟻，使長吻針鼴亞菲成了林木的保護神。在捲吸灌木叢根部的螞蟻時，除了不小心碰觸灌木發出的聲響外，亞菲一直沉默不語。在動物中，長吻針鼴最是安靜，除了呼吸發出的聲響，再不發出任何其他聲響。

在哈姆博士專注地觀察亞菲時，一陣凶狠的嚎叫突然傳入了他的耳朵。距離亞菲20公尺遠的空曠地帶上，一隻體長近1公尺的袋獾正不可一世地向捲食螞蟻的亞菲靠近。在現今世界上的肉食性有袋類動物中，袋獾是最強大的捕獵者。牠的頭部又寬又大，大口裡長有42顆鋒利的牙齒。性情凶猛的袋獾向亞菲步步緊逼，而沉浸在美食中的牠卻全然不知。

直到袋獾距離不足10公尺時，亞菲才從捲吸美食中回過神來。發現嚎叫的袋獾後，亞菲展現出了牠一貫的冷靜，牠未因對方強大而陷入驚慌。亞菲慢吞吞地回過頭，毫無畏懼地逼視著狂妄的屠殺者袋獾。匍匐在地上，亞菲一動不動，似乎一副任人宰割的樣子。細心的哈姆博士注意到，亞菲起初斜垂著的長針毛，此時已一根根地豎立了起來。遠遠看去，亞菲的長針毛就像一支支隨時準備離弦的長箭，而亞菲則像冷酷的箭手。亞菲身上的長針毛，是抵禦敵害的最好武器。

袋獾的嚎叫聲越發響亮起來。牠想用叫聲迫使亞菲膽顫

第四輯　想綻放奇蹟，每個情節都生動

　　心驚，從而失去防禦能力。袋獾的這一想法沒有得逞。面對牠的威逼，亞菲不僅沒有屈服，反而將長針毛豎得更加有力。冷靜地匍匐在地，亞菲不發一言。隨著袋獾的一步步逼近，哈姆博士發現，亞菲迅速地轉身，將背對著敵人，並把露在外面的頭部縮排了長針毛裡。在那叢灌木下，哈姆博士只能見到一團黑色上點綴著白點的刺球。看著這個小刺球，脾氣暴躁的袋獾變得極為毛躁，尖利的腳爪發瘋似的刨動山地，刨得塵土四處飛揚。經歷數分鐘的對峙，袋獾終於忍不住了，幾步便衝到了亞菲身邊。袋獾尖利的腳爪伸向了亞菲，但速度極慢。由此可見，牠不是第一次攻擊長吻針鼴了。如果袋獾像捕食其他動物那樣猛撲向亞菲，牠多半會被長吻針鼴身上尖利的長針毛刺傷。亞菲身上的長針毛尖端實在太鋒利了，袋獾儘管非常小心，仍舊被刺痛了。被刺痛的袋獾大聲地嚎叫著。而將頭部龜縮在長針毛裡的亞菲，並沒有被近在咫尺的袋獾的叫聲所驚嚇住。

　　被亞菲的長針毛刺傷後，袋獾並未知難而退。牠縮回腳爪，在亞菲身旁慢慢走動，尋找最佳的攻擊點。看到這一幕，哈姆博士為亞菲捏了把汗。據他所知，長吻針鼴身上的長針毛並非無敵天下的防禦武器。一些狐狸攻擊牠們時，往往會想辦法將其身體翻轉，使其四腳朝天。長吻針鼴的背部才有尖利的長針毛，而腹部卻非常柔軟，面對敵人鋒利的爪

亞菲的反擊

子和牙齒,便顯得無能為力了。袋獾是打算採取這樣的戰術嗎?

在哈姆博士擔心不已時,他發現亞菲的身體竟然倒退著向袋獾慢慢靠近。對靠近自己的亞菲,袋獾沒有莽撞地發起進攻,剛才牠已經受盡針毛之苦了。突然,慢慢蠕動的亞菲行動變得非常迅速,眨眼間就逼近了躲避不及的袋獾。亞菲背部的長針毛在牠用力之下,有好幾根刺入了袋獾的前肢。在亞菲的一刺之下,剛才不可一世的袋獾痛得大叫一聲,轉身飛也似的跑開了。哈姆博士發現逃跑的袋獾身上上刺著的幾根長針毛,就像幾支箭一樣。借用身體之力,亞菲聰明地將箭一樣的長針毛射進了凶悍的袋獾身上,使其知難而退。一旦被長吻針鼴的長針毛射中,想要立即擺脫痛苦非常困難,因為長針毛不僅尖利,而且長有倒鉤。

反攻得手後,亞菲並不貪戀這一時的戰績。在袋獾疼痛著逃跑時,它也加快速度離開了為牠提供美食的灌木叢。在距離灌木叢 300 公尺遠的地方,亞菲鑽進了一個黑黑的洞穴裡。這是亞菲的臨時巢穴,是牠從幾隻野兔那裡奪得的。亞菲有鋒利的腳爪,使其很善於掘洞,甚至以挖洞見長的穿山甲也不是它的對手。儘管如此,牠卻從不為自己挖掘洞穴,牠的洞穴要麼是從其他動物那裡搶來的,要麼是牠們廢棄不要的。

第四輯　想綻放奇蹟，每個情節都生動

　　看著全身而退鑽進洞穴的亞菲，哈姆博士感慨萬千，在亞菲和凶猛袋獾的對決中，冷靜加上行之有效的反擊方式，讓牠成了最後的勝利者。生活中，那些在遭遇艱難困苦時產生畏懼心理而一味選擇逃避的人，在此，長吻針鼴亞菲為他們上了很好的一課。

重啟生命

三年前，著名時裝設計師喬安娜‧史考特被檢查出患有白血病晚期。面對俗稱為血癌的不治之症，喬安娜‧史考特並未放棄生的希望，她像鬥士一樣勇敢抗爭，不僅最終戰勝死神演繹了生命奇蹟，還創造了一項醫學奇蹟。

絕症突臨，生命陷深淵

在英國時裝界，現年 53 歲的喬安娜‧史考特享有盛譽。性格剛毅的她，被稱為英國時裝界的「鐵娘子」。和前夫離異後，史考特拒絕多人示愛，獨立擔負著撫養女兒塔拉的重任。在生活中，無論遭遇什麼不順，她從不抱怨，總是一如既往地保持愉快心情。史考特認為：「抱怨只會讓人意氣消沉，唯有快樂才能使人進步！」史考特擁有的正向人生態度，感染了和她交往的每一個人。當她以更加飽滿的熱情投入事業時，災難卻突然降臨到了她身上。

史考特在倫敦成功舉行了一場夏季時裝新品釋出會後，突然出現了乏力、氣短，下身浮腫等症狀。史考特並未注意這些症狀，淡然地以為這不過是籌備時裝釋出會疲累導致

第四輯　想綻放奇蹟，每個情節都生動

的。但長期關注母親健康的女兒塔拉，看著一向極注重個人形象的母親病懨懨的樣子，極不放心。在女兒的一再催促下，堅信自己無病的史考特，只得暫時放下手頭繁忙的工作，走進了醫院。她慈愛地看著一臉緊張的女兒塔拉，滿懷信心地說：「親愛的，不要擔心，媽媽很健康！」

醫生對史考特進行了詳細檢查。上帝跟她開了個玩笑，診斷書上白紙黑字寫著──白血病晚期。對身體一向自信的史考特，呆呆地看著診斷書，一時不知所措。面對醫生的安慰，她清楚地知道，白血病俗稱血癌，是不治之症，自己患了白血病晚期意味著什麼。想到女兒還在診斷室外等著，史考特強忍住流淚的衝動，她不想讓女兒擔心。而此刻，她的女兒塔拉正在診斷室外祈禱：「上帝，請保佑我的媽媽平安無事！」

走出診斷室，史考特面帶微笑，對一臉擔憂的女兒說：「親愛的，媽媽沒事，只是累了而已！」母親的話，頓時讓心無城府的塔拉情不自禁地歡呼雀躍：「謝謝上帝保佑！」女兒的喜形於色，讓史考特感到一陣心痛。可是她不敢表現出來。牽著女兒柔嫩的手，一向堅強的她心潮翻滾：「上帝，請告訴我，我應該怎麼辦？」

回到家，史考特像往常一樣走進了廚房，準備做晚飯。看著廚房裡熟悉的一切，想到自己或許不久後就不能觸控它們了，史考特悲從心生，再也控制不住眼淚奪眶而出……

史考特無聲地流著淚,想用淚水沖走一切苦痛。她不敢哭出聲來,害怕客廳裡的女兒發現自己在哭。正所謂母女連心,女兒塔拉在和母親回來的路上,發現了隱藏在母親眼睛深處的憂傷。在客廳裡想不明白為什麼的塔拉,悄悄地走進了廚房,發現母親正在哭泣。用雙手輕輕地環擁住母親,塔拉鼻子裡一酸,哽咽著問:「媽媽,你遇到什麼難題了嗎?」

史考特沒有想到,自己的哭泣會嚇壞女兒。聲音哽咽地女兒,一下子把她從悲傷中喚醒過來。回過頭,看著一臉驚慌的女兒,史考特緊緊地抱住她。感受著女兒的溫暖,史考特追問自己道:「史考特,你不是一貫堅強嗎?怎麼能被小小的白血病打倒呢?你想過沒有,如果你倒下了,你的女兒怎麼辦?」一番自我追問,讓史考特感到極為汗顏,覺得有必要把患了白血病的事情告訴女兒塔拉。

令史考特欣慰的是,女兒塔拉在聽過她的話後,反而從驚慌中冷靜了下來。塔拉一臉關切地看著母親,輕聲說:「媽媽,不要害怕,有女兒在,你會沒事的!」女兒的話像一股暖流浸潤著史考特的全身上下,她感覺身體裡湧現了無窮無盡的力量。她目光堅毅地看著女兒塔拉說道:「親愛的,媽媽不會輕易倒下,一定要全力和死神抗爭一番。」

此後,史考特堅定信念,在女兒的鼓勵下,和病魔展開了勇敢的搏鬥。在與疾病抗爭的過程中,她充分展現了被譽

為「鐵娘子」的性格，絕不屈服。一時間，史考特的生命散發出了不可想像的鬥志。病痛的折磨並沒有消磨掉她對生活的那份豁達，史考特依舊微笑著面對每一天。史考特的微笑，感染了她周圍的每一個人。朋友們都為她的勇敢不屈叫好不絕，女兒塔拉更是拉著她的手稱讚：「媽媽，你真勇敢。」

史考特的剛毅，讓她在被上帝開過玩笑後，再次得到了眷顧。經過 5 個多月時間的治療，她的病情得到了控制，血液中的白血球數值穩定在了一個合理的數字上。醫生的檢查結果令史考特無法掩飾內心的狂喜。她緊緊地抱著女兒塔拉，喜極而泣：「親愛的，我們一定會成為最後的勝利者。」回家的路上，看著像一隻快樂的鴿子一樣的女兒塔拉，史考特默唸道：「感謝上帝！」

然而，史考特的喜悅並未維持多長時間。三個月後，在她繼續為事業忙碌時，白血病再次復發並且惡化。史考特又一次跌落生命的深淵。看著醫生嚴肅的表情，她心懷忐忑：「上帝啊，請不要這樣戲弄我。我不能死，不能讓塔拉沒有媽媽。」對女兒的愛，和對生命的忠誠，促使史考特繼續堅定信念。

生命重灌，能否勝死神

接下來的三年時間裡，史考特的白血病先後三次復發，不休不止地纏繞著她，讓她淪陷在病痛的折磨中。憑藉堅定

的信念，她數度從死神手裡逃了出來。然而，在毫不退縮的病魔面前，她的生命依舊一天天走向萎縮。看著被病痛折磨得形容枯槁的母親，女兒塔拉眼含熱淚：「媽媽，不管怎麼樣，女兒都會陪伴在你身邊！」

女兒塔拉的支持，在給予史考特無窮力量的同時，也讓她心有不甘。她不想就這樣被死神征服，不想就這樣告別關愛她的人以及賜予她無限滿足感的事業。史考特更加積極地配合醫生進行治療。她再次被推進了手術室，進行自身幹細胞移植手術。在此前的 3 年時間裡，史考特數度進行自身幹細胞移植手術，但都以失敗而告終。這次移植手術是自身幹細胞移植的最後一次，醫生認為她的身體狀況已經不適宜再進行自身幹細胞移植手術。

臨進手術室前，女兒塔拉握著史考特的手，輕聲說：「媽媽，你會戰勝白血病的。女兒等著你勝利歸來！」史考特感受著女兒手上傳遞的力量，用絕不服輸的眼睛看了看四周熱切觀望著她的朋友，勇敢地點了點頭。

儘管充滿了信心，上帝依舊未把好運賜予史考特，最後一次自身幹細胞移植手術以失敗告終。醫生宣告了手術失敗，這使得熱愛生命的史考特猶如掉進了不見底的深淵。醫生斷言，如果依舊無法找到合適的骨髓移植，她最多只剩下 8 個月的生命。看著病房外一片蔥綠的世界，3 年來從未喪失

第四輯 想綻放奇蹟，每個情節都生動

過信心的史考特，突然覺得很絕望：「難道我就這樣離開這個世界嗎？」短暫的絕望後，她想：「史考特，即便死，你也必須快樂，因為痛苦並不能阻擋死神來臨。」這樣想過後，史考特決定好好地度過生命最後的時光。

明白餘日不多，史考特開始安排後事。這個世界上，她最放心不下的是女兒塔拉。一天，史考特很早便醒來了。幾天前，她和家庭律師約好今天處理她死後的事宜。因此，她必須保持清醒狀態。一段時間以來，病痛的瘋狂折磨使她不時陷入思維混亂中。約定和律師見面，史考特沒有讓女兒塔拉知道。她知道，以女兒塔拉的聰明才智，肯定會明白她和律師見面意味著什麼。史考特不想讓這件事情帶給女兒塔拉沉重的負擔，陷入不愉快中。想到女兒塔拉美麗可愛的臉，史考特情不自禁地笑了，安慰自己道：「儘管你不幸患了白血病，但上帝賜給你一個聰慧的女兒，總算待你不薄！」

令史考特沒有想到的是，家庭律師並未如約出現。在約定的時間裡，她的眼前出現了一張完全陌生的男子的臉。陌生男子身後跟著女兒塔拉。看著史考特一臉驚異，陌生的男子說：「您好，夫人！我是皇家自由醫院的馬克·勞戴爾醫生，希望能夠幫到你的忙。」

突然出現的勞戴爾醫生讓史考特糊塗了：「他來做什麼？」面對史考特詢問的目光，勞戴爾醫生解釋道：「夫人，

上帝賜給了您一個好女兒。您的女兒塔拉找到我,請求我幫助您。」聽過勞戴爾醫生的話,史考特心裡湧過一陣暖流。原來,最後一次自身幹細胞移植手術失敗後,她的女兒塔拉從未停止行動,一直在積極四處尋訪治療白血病的專家,以及尋找適合她的骨髓,希望她掙脫死神的束縛。在得知勞戴爾醫生是英國最著名的白血病治療專家,正在研究一項新的治療方法後,塔拉想方設法找到了他。

看著沉浸在感動中的史考特,勞戴爾醫生說:「白血病是由於大量白血病細胞無限制增生,並導致正常造血細胞被嚴重抑制所致。換句話說,也就是你自身的免疫系統發生嚴重問題並無法自我修復才導致的,在醫學上,這稱為自身免疫性疾病。」「請別浪費時間了,這些我都知道。但合適的骨髓找不到,自身細胞的移植也完全失敗,難道你有辦法能憑空變出合適的骨髓來?」斯科拉不解地打斷了勞戴爾醫生的話。

溫和地看著有些不耐煩的史考特,勞戴爾醫生並未生氣。「對,我有辦法能替你重新裝上一套免疫系統,這就像為系統出現問題的電腦重灌系統一樣。解決問題的鑰匙,可能就在您女兒身上。」勞戴爾說著,將目光轉向了身旁的塔拉。

史考特越來越不解。但在勞戴爾醫生隨後的講解中,她漸漸明白過來。眾所周知,白血病細胞的發展建立在人體自

第四輯　想綻放奇蹟，每個情節都生動

身免疫系統被破壞的基礎上，如果能使免疫系統重新正常工作，那一切問題就會迎刃而解。但傳統的化療或者骨髓移植法局限頗多。

為此，勞戴爾醫生帶著他的醫學團隊著力於尋找一種更為簡單有效的免疫系統重建法。多年研究中，在白血病鼠上進行試驗，經過 LacZ 抗原特殊培養的 T 細胞和白血球植入，其在病鼠體內的殺傷功效發揮要遠超早先方法百倍！而對史考特的治療，就是先從她的女兒塔拉身上抽取適量的 T 細胞和白血球的血液混合物，而後在加有大量 LacZ 抗原的培養液中進行培養，最後再植入史考特身體內啟用她的免疫系統。

勞戴爾醫生一直在尋求試驗人體。恰逢此時，史考特的女兒塔拉找上了門。看著眼睛裡飽含熱切的女兒塔拉和勞戴爾醫生，史考特陷入了沉思：「如果同意了勞戴爾醫生的治療，自己實際充當的是一個試驗體。但這種治療方法能幫助我戰勝死神嗎？」

不屈抗爭演繹生之奇蹟

史考特猶豫了。她害怕勞戴爾醫生全新的治療方法失敗，從而加速自己的死亡。看著猶豫的母親，史考特的女兒塔拉不知道該說什麼才好。得知母親患了白血病後，她就沒有輕鬆過，一直尋找著治癒母親的方法。勞戴爾醫生的全新

治療方法讓塔拉心裡一喜。但她也知道,這項還未在人體上進行過試驗的治療方法,存在極大風險。

思考良久,史考特的女兒塔拉決定請求母親接受勞戴爾醫生的治療。如果不接受治療,母親只能眼睜睜地等待死亡降臨,她不願意就這樣看著母親被死神奪去生命。塔拉看著母親,熱切地說:「媽媽,我不想你離開!我會和你一起抗擊病魔的。」

女兒塔拉的話,像錘子一樣重重地敲擊著史考特的心。當醫生斷言她還有最後的 8 個月後,她的心沉陷到了深深的苦痛之中。與女兒塔拉相依為命多年,她不想這樣快就和女兒分開。為了不影響女兒的心情,她總是強顏歡笑。看著眼含熱淚的女兒,史考特控制不住湧動的情緒,她緊緊地抱住女兒,哽咽著說:「親愛的,為了你,媽媽不會放棄的。」

勞戴爾醫生第一時間知道了史考特同意手術的消息。對於史考特來說,時間顯得如此珍貴。由於病情進入了最末期,她的臟器已經頻繁出現了小範圍出血的現象,並且不分白天黑夜地伴有嚴重的骨骼疼痛,人更是瘦得不成樣子。所有人都知道,對史考特進行手術已經迫在眉睫。這是一場生命競賽,他們必須與死神分秒必爭。

很快,塔拉的身體達到了最佳狀態。勞戴爾醫生透過特殊的抽取機,從塔拉身上抽取了 5,700 單位的 T 細胞和白血

第四輯　想綻放奇蹟，每個情節都生動

球的血液混合物。在長達 3 個多小時的抽取時間裡，一向暈血的塔拉始終神態自若。一想到不久後母親可以戰勝病魔，不用再遭受病魔的侵襲，塔拉就激動無比。

勞戴爾醫生將從塔拉體內抽取的珍貴的「免疫系統模型」，在加有大量 LacZ 抗原的培養液中進行培養，以啟用這些用來粉碎白血病細胞的「終極殺手」。對於所有參與手術的人來說，等待的時間是如此漫長。大家都心懷忐忑，不知道第一次的人體試驗會出現什麼樣的結果。而此時，史考特反而平靜了下來。看著無比緊張的女兒塔拉，她輕聲說：「媽媽不會有事的。」

史考特又一次被推進了手術室。看著被緩緩推向手術室的母親，塔拉不停祈禱：「上帝保佑媽媽平安！」手術並不複雜，但必須萬般小心，因為病魔的多年侵蝕，史考特體內的白血球數量極低，很容易受到各種細菌感染。對免疫系統受到破壞的史考特來說，一旦遭受細菌感染，她的生命極有可能隨時終結。植入經過培養的「免疫系統模型」的過程就像輸血，勞戴爾醫生將一根細細的導管和史考特的血管連通，讓培養液緩緩地流向史考特的體內。植入過程有驚無險，僅持續了 30 多分鐘。當勞戴爾醫生緩緩走出無菌室，才鬆了一口氣：塔拉的免疫系統已經在史考特體內運作，並開始緩慢啟用了史考特的免疫系統。但手術並未就此結束，由於史考特

自身免疫、循環系統尚未完全恢復，想要保持並刺激 T 細胞的活性，勞戴爾醫生還同時為她植入了一定的特種蛋白質，這種蛋白質將會像「監工」一樣督促 T 細胞努力工作。

看著走出手術室的勞戴爾臉上露出的疲憊微笑，在手術室外萬分緊張的塔拉長舒了一口氣，她知道，手術取得了圓滿成功。塔拉緊緊地抱住勞戴爾醫生，流著熱淚語無倫次：「謝謝醫生，謝謝……」

起初，勞戴爾醫生擔心史考特在接受其女兒塔拉體內的免疫系統後會出現排斥反應。但令人驚喜的是，整個醫療小組的全程監控並未發現任何異常。經過幾個小時的昏睡，斯科恢復了清醒，其出血和嘔吐症狀減輕了許多。術後 7 小時，勞戴爾醫生再次檢測，當初植入史考特體內的 5,700 萬免疫細胞單位此刻數量已經翻了兩倍多，達到了 13,700 萬單位。這也就是說，塔拉的免疫系統不但已經在母親體內發揮了作用，還帶動了史考特自身的免疫系統開始運轉。勞戴爾醫生正式對外宣布：人類史上首次利用細胞移植醫治癌症的手術大獲成功！他相信這套操作簡單、價格低廉的全新治療方法，將是徹徹底底的平民化抗癌療法。

「鐵娘子」史考特就此掙脫了死神的束縛。手捧醫院的化驗報告，史考特忍不住淚流滿面。望著一臉歡喜的女兒，她無法克制內心的激動，將女兒久久地擁在懷裡，顫抖著聲音

說：「親愛的，媽媽給了你一次生命，現在你也給了媽媽一次。媽媽謝謝你，是你的勇氣拯救了媽媽！」

史考特要完全走出白血病的陰影，還需要很長一段時間。

她在與病魔抗爭過程中，展現出來的不屈服精神以及她與女兒塔拉之間綿延的親情，將陪伴她徹底闖過生命的煉獄。史考特告訴我們，處身絕境，千萬不要絕望，只要信念不倒，就有生的希望。

「偽植物人」重生記

那場改變比利時男子羅姆・霍本命運的慘痛車禍過去了整整 23 年,而他被診斷為處於植物人狀態也過去了整整 23 年,親屬們無奈做出痛苦決定:實施安樂死。多年來守候在兒子身邊,堅信兒子一定會醒來的母親菲納・尼克斯,無論如何都不忍拔掉他身上的儀器。被她的堅守所感動,比利時列日大學的神經專家史蒂芬・洛雷斯教授運用新的植物人檢測法對羅姆再度進行檢測,發現其大腦和普通人幾無區別,只是暫時失去了對身體的控制。而今,在母親菲納的鼓勵下,幸運擁有第二次生命的羅姆正在完成一部自傳。

帥小子變身植物人

一個週末,比利時首都布魯塞爾春意盎然。羅姆・霍本駕車行駛在城市街道上,心情蕩漾。半個小時後,他要和邦妮在城市公園入口處見面。時年 20 歲的羅姆出生於比利時佐爾德市,是布魯塞爾自由大學工程系大二的學生。一週前的校際舞會上,他結識了同系一年級女生邦妮,她優美的舞姿,深深打動了他。這是兩人的第一次校外約會,同車的還

第四輯　想綻放奇蹟，每個情節都生動

有他順路搭載的 4 個同學。

「見到邦妮後我要告訴她我有多愛她，我要和她相伴一生！」想到邦妮明媚的笑臉，羅姆難抑激動的心跳，情不自禁加快了車速。然而，在距離城市公園不足 3 公里的彎道處，突然迎面駛來一輛大貨車，羅姆來不及避讓，「轟」的一聲巨響，兩車撞到了一起。羅姆眼前一黑，便什麼也不知道了。呼嘯而至的救護車，隨即將他和 4 個同學送到了伊拉斯謨醫院。

得知兒子遭遇車禍，羅姆的母親菲納‧尼克斯心急如焚，和丈夫卡德‧霍本一起從佐爾德市迅速趕到了醫院。透過急診監護室的玻璃，望著躺在病床上的兒子，菲納幾度哽咽：「上帝，請保佑我的羅姆，讓他盡快好起來！」丈夫卡德緊緊地摟著她說：「親愛的，我們的兒子愛運動，身體棒，一定不會有事。」

丈夫的寬慰讓菲納少許安心，但看過醫生的診斷報告後，她的心再次揪緊了。診斷報告顯示：羅姆胸部多處擦傷；右大腿、左手和右手前臂骨折；更致命的是，巨大撞擊導致他顱內大量出血。隨後，醫生告訴他們，傷者的外傷，在施行手術後，都能迅速恢復。但傷者顱內出血量大，大腦嚴重受損，能否醒來暫時不好判斷。

聽到醫生的話，菲納差點癱倒在地。卡德連忙扶住妻子

說：「親愛的，要相信我們的兒子！」丈夫的話頓時給了菲納無限信心，她和丈夫一起含淚默默祈禱：「羅姆，你一定要醒來，我們不能沒有你。」

此後，醫生給羅姆先後進行了幾次開顱手術，最大程度清除了他顱內的瘀血。和羅姆同車的 4 個男孩也陸續康復出院了，只有羅姆始終沒有甦醒。菲納非常焦急，但她始終堅信兒子一定會醒來，為了幫助兒子，她和丈夫每天輪流和兒子「說話」，每過去一天，就用筆將日曆上的日期劃掉。然而，一個月後，羅姆始終深度昏迷，沒有任何甦醒的徵兆。

隨後，主治醫生每隔半年定期用「格拉斯哥昏迷指數（Glasgow coma scale）」為羅姆檢測，結果顯示：每次的分值都極低，處於喪失意識狀態，只能透過皮質下中樞維持呼吸運動和心跳。根據這些數據，羅姆最終被評定為植物人。

菲納不相信醫生的判斷，一再聲稱醫生搞錯了。醫生很理解她的痛苦，但由於「格拉斯哥昏迷指數」是當時醫學界普遍採用的一套神志評估標準，它由英國格拉斯哥大學的兩位醫生在 1974 年提出，主要從睜眼、說話、肌肉活動反應這 3 方面來評估頭部受傷者的神經系統狀況，已經使用了十餘年，很少誤判，其權威不言而喻。這樣的結果讓菲納痛不欲生，根本無法接受，更無法說服自己：曾經的運動健將兒子，會成為一名植物人。她站在病床，呆望著兒子略顯慘白

的臉，心像被掏空了。稍後，她俯下身緊握著羅姆的手，淚流滿面地喃喃自語：「兒子，你能聽到媽媽的話嗎？媽媽相信你，你不是植物人，你一定會醒來的……」

突然，沉浸在呼喚中的菲納，真切地感到從兒子手上傳來了一股熱流，她一愣之間，又跑到另一側握緊了兒子的另一隻手，似乎還是同樣的感覺。她又驚又喜，情不自禁大叫起來：「羅姆有反應了！」聽到她的喊聲，醫生和護士蜂擁而至。然而，醫生經過又一次地精密檢測後，得出結論：菲納感覺到的，其實是她因對兒子想念過度，而產生的幻覺。

在人們同情、質疑的目光中，菲納感到很無助，她堅信兒子大腦並未喪失意識活動，卻拿不出確切證據說服別人，於是把求助的目光投向了丈夫卡德。作為父親，卡德和妻子一樣，何嘗不期望兒子醒來，但在科學的檢測面前，他最終不得不承認兒子的確成了植物人。望著一臉殷切的妻子，他默默地走過去，擁住了她。丈夫的沉默讓菲納傷心得哭了，她掙脫了丈夫的懷抱，拉著兒子的手，喃喃地說：「羅姆，你醒著對嗎？是不是只有你信媽媽說的話？」突然，她驚奇地瞪圓了眼睛，她分明感覺到兒子的手在她說這句話前後有微妙的差距，她興奮地淚流滿面，「羅姆，羅姆，你能聽到我的話，是不是？羅姆！」

聽了妻子近乎痴狂的話，卡德難過得掉下了眼淚。此

後，菲納不再管別人怎麼想，每天都在床邊為兒子加油打氣，並堅持用最好的藥治療兒子。然而，一個嚴酷的現實擺在了菲納和丈夫面前：由於羅姆始終處在深度昏迷狀態，住院治療費用昂貴，菲納和丈夫收入並不高，很難支付漫長無期的費用。這時，很多朋友向菲納和丈夫建議：放棄治療，帶羅姆回家。但菲納斬釘截鐵地說：「羅姆還活著，我絕不放棄治療。即便乞討，我也要讓他重煥生命活力！」

母愛不絕望

望著連接在羅姆身上的各種儀器，卡德早已經不抱希望了。但他不願看到妻子被瞬間失去兒子羅姆的痛苦所擊倒，便依從了她的意見，想讓她有一個緩衝時間，慢慢接受兒子羅姆變成了植物人的現實。

卡德沒想到，菲納這一緩衝的時間竟然長達13年。此後13年間，菲納讓卡德留在布魯塞爾工作，她自己則在醫院裡日復一日地守在兒子身邊，每天深情地講述著兒子小時的趣事。她知道兒子熱愛文學，尤其鍾愛詩歌。便找來泰戈爾、歌德等著名詩人的詩歌，不厭其煩地為羅姆朗誦。每天她唸到泰戈爾那句：「天空沒有翅膀的痕跡，而我已飛過」時，人們知道，菲納又會情不自禁地大喊：「羅姆又有反應了！」因為10多年來，她每天都說，只要自己緊握兒子的手，朗讀這

第四輯　想綻放奇蹟，每個情節都生動

首詩，她都會感受到兒子傳遞給她的力量。醫護人員習慣了菲納的喊叫，除了按照醫院規定，定期對羅姆進行的檢測，沒有人再相信菲納的話。因為他們更相信半年一次的「格拉斯哥昏迷指數」檢測結果，那些數據明確顯示羅姆 10 多年來的情況沒有任何改觀。

只有菲納毫不理會，她經常描述這樣的場景給卡德聽：有一天，羅姆突然從病床上坐起來，看著她說：「媽媽，我醒了！」

10 多年後，卡德因操勞過度導致心肌梗塞突然去世。這對於菲納是個致命打擊。短短的幾天時間，她的滿頭金髮全白了。從丈夫的葬禮現場回來，看著 10 多年面容一點兒也沒變的兒子，她緊握著他的手，痛哭失聲：「羅姆，你爸爸已經不在人世了，難道你還不醒來陪伴媽媽嗎？」這一次，她感覺到兒子手上傳遞給她的，是一種從未有過的寒意。頃刻間，她淚雨滂沱：「羅姆，你在告訴媽媽，爸爸去世了，你和媽媽一樣痛苦對不對？」這次感應，讓菲納更堅信兒子存在意識。然而，面對菲納的說辭，人們更加質疑了，甚至有人認為她先失去了兒子，如今又失去了丈夫，已變得神經質。

人們的質疑，並沒有讓菲納失去信心。由於丈夫去世，她一個人既要照顧兒子，又要籌措藥費，難以為繼，她決定向更權威的專家求助。聽說布魯塞爾列日大學醫學院的神經

「偽植物人」重生記

學研究世界聞名，菲納一次又一次地前往該院，述說兒子不是植物人，請他們救救兒子。布魯塞爾列日大學的神經專家同樣採取「格拉斯哥昏迷指數」對羅姆檢測後，再次確定羅姆呈現植物人狀態。面對最權威的鑑定，菲納依舊未改變自己的觀點，繼續不斷奔走在各大研究機構。

菲納的執著終於引起了列日大學神經學專家史蒂芬·洛雷教授的注意。史蒂芬教授認為，菲納對被認為處於植物人狀態的兒子的細微感覺或許是旁人無法體會的，她的一再堅持，肯定事出有因，會不會是「格拉斯哥昏迷指數」這種檢測方法有缺陷，導致診斷出現偏差？在研究了很多被這種檢測方法確定為植物人，但多年後突然甦醒的案例後，史蒂芬教授堅信了自己的判斷，他決定將自己手頭研究的、更高階的科技檢測方法──核磁共振成像，專門鎖定在植物人檢測研究上。

得知這一消息，菲納非常欣慰，向人們奔走相告。然而，史蒂芬教授的結果何時出結果，結果會怎麼樣？誰都無法預料。此後兩年，菲納一邊四處舉債給兒子治療，一邊苦苦等待著史蒂芬教授的消息。

菲納實在借不到錢，打算把佐爾德市的房子賣掉，當作兒子做繼續治療的費用。得知她的決定，朋友們紛紛反對：「菲納，你醒醒吧！羅姆已經不可能醒過來了，你把房子賣

第四輯　想綻放奇蹟，每個情節都生動

了，自己以後怎麼辦？」菲納的父親發動所有的親友說服菲納，要她接受「羅姆的反應只是她的幻覺」這一事實。在親友們的「圍攻」下，菲納也漸漸開始懷疑起來：「難道我感覺到的真是我的幻覺嗎？」這種否定讓菲納非常痛苦，這麼多年來支撐她的就是「兒子不是植物人」這一信念啊！一時間，她更蒼老了。看到一貫堅信的菲納終於動搖了，親友們再次出動，勸她對羅姆實施安樂死。菲納無論如何也不接受，認為即便兒子羅姆是植物人，也不能讓他就這樣死去。

當晚，菲納在兒子的床前，再次握著他的手，流著淚說：「羅姆，媽媽快撐不住了，所有人都勸媽媽對你實施安樂死，你說媽媽該怎麼辦？」

突然，菲納再次感到了兒子手上的寒意，和 3 年前她對兒子說丈夫去世時的情形一模一樣。就在那一瞬間，菲納此前的懷疑再度煙消雲散，她更加堅信羅姆不是植物人，他有意識，有自己的喜怒哀樂。聽到母親要放棄自己的話，他和得知父親去世的消息一樣，痛苦不堪。菲納再度淚崩：「羅姆，我親愛的兒子，既然你聽懂媽媽的話，為什麼還不醒來啊？上帝啊，我該怎麼辦？」

和以前不同，再度確信兒子有意識並沒有給菲納帶來驚喜，而是更深的痛苦。因為一天後她外出歸來，剛走到羅姆的病房門口時，就聽到例行檢查的一個護士在說：「你知道

嗎？傑森醫生在手術室亂摸剛來的那個小護士，被清潔工看到了⋯⋯」另一個則說：「你小心點，別讓人聽到了⋯⋯」「怕什麼？這裡除了這個死人，哪裡有⋯⋯」見菲納氣沖沖地衝進病房，護士們嚇得趕緊走了。

菲納飛快地趕到床邊，抓住了兒子的手，她發現，兒子手上的寒意似乎比前兩次更重。感知到兒子如此痛苦，菲納心如刀絞，此時她才明白，在這個世界上，只有自己把羅姆當作普通人，關心他的情緒和心情，而別人卻只是把他當作植物人，甚至不把他當人，在他面前肆意議論別人的隱私，對他毫不尊重。此後半年，菲納又數十次感知到了羅姆因為不被尊重帶來的痛苦，這讓她備受煎熬。

「偽植物人」奇蹟重生

在史蒂芬教授證實新研究毫無進展後，菲納終於向布魯塞爾地方法院提出申請，要求對處於植物人狀態的兒子施行安樂死。在比利時，雖然安樂死已經合法化，但依據立法，申請安樂死的人必須身患無法治癒的重病且病人無法忍受病痛折磨。

另外，申請人要書面回答主治醫生的幾個問題後才有權遞交申請。由於羅姆不具備上述條件，菲納的請求被駁回了。

第四輯　想綻放奇蹟，每個情節都生動

　　申請受挫，菲納認為這是上帝還不想讓羅姆去天堂，便暫時放棄了這個念頭。此後，她又重新夜以繼日地擔起了陪護兒子的重任。然而，隨著年歲增長，菲納也身患心臟病等多種疾病，加上羅姆每年需要花費數萬歐元治療費，她感到越來越力不從心。雖然她從不對兒子說這些，但她沒法阻止別人在兒子面前議論。她相信她的艱難，兒子心知肚明，因為兒子傳遞給她的痛苦感越來越明顯。加上史蒂芬教授的研究一直沒有結果，菲納漸漸絕望了，與其讓兒子活得如此痛苦，不如讓他死去，她再次萌生了為羅姆申請安樂死的念頭。然而，此後的幾年，她幾次提出申請，都像第一次一樣，被以同樣的理由駁回。

　　菲納第五次向布魯塞爾地方法院提出申請，並詳細講述了自己23年的經歷，羅姆的叔叔等親屬也聯名申請。3個月後，法院終於覆函：同意對處於植物人狀態達23年的羅姆施行安樂死，但必須由病人親屬親自執行。

　　看著法院的覆函，菲納百感交集，既為羅姆即將遠離痛苦而欣慰，又為徹底失去兒子而難受。幾天後一個晴朗的早晨，菲納在親友的擁簇下，艱難地靠近羅姆，打算取下連在他身上的生命維持和進食系統。可當她顫抖著手觸控到那些冰涼的儀器連接線，卻怎麼也使不出力氣來，她知道，只要拔掉這些線，羅姆的生命就將永遠終結，她哭著說：「再給我

3天時間,我要和兒子好好待3天。」

一旁的親友和醫護人員聽著菲納的哭喊,無不動容。23年來,菲納完全失去了自己的生活,每天痴痴地堅守,就是為了羅姆能醒來。如今,讓她親自結束兒子的生命,這是何其殘忍的事情。此後3天裡,菲納每天緊握著羅姆的手,向他講述自己之所以為他選擇安樂死的原因。在她的講述中,菲納感到羅姆非常平靜,似乎在告訴母親,他理解也同意她的選擇。

3天後的清晨,菲納平靜地為羅姆盥洗完畢,打算等太陽照耀到羅姆的病床上時,在溫暖的陽光裡送他離開。就在她把具體時間通知完最後一個家屬時,她的電話突然響了起來,來電者是史蒂芬教授,他在電話裡一字一句地告訴菲納,經過多年研究,他的研究小組於前天終於利用核磁共振,成功研究出了檢測植物人狀態的新方法,請她帶羅姆馬上前來,他們免費為羅姆做測試。聽到這個消息,菲納簡直不敢相信自己的耳朵,她狠狠地咬了自己的手一口,痛啊!這才狂呼起來:「羅姆有救了!我兒子要醒過來了!」

第二天,史蒂芬教授的研究小組趕到了醫院,準備對羅姆進行檢測。透過他的介紹,菲納得知這種新方法是利用此前已有的核磁共振成像技術,將人體大腦中的一些原子核的無線電頻率傳到電子電腦上進行處理,重建人體大腦的影

像，再對這些影像進行分析，得出其大腦活動情況的結論。由於核磁共振完全不同於傳統的 X 光和電腦斷層掃描，能夠充分利用人體中遍布全身的氫原子，因此獲得的影像異常清晰、解析度高、對比度好，資訊量大，讓醫生的診療更加準確。

介紹完畢後，史蒂芬教授等神經專家首先檢測了羅姆的聽覺感知能力，在他的耳邊發出類似「嘩嘩」的中音，而後，他們又呼喚羅姆的名字。結果，透過電腦影像，專家們發現被評定為植物人 23 年之久的羅姆，腦部做出了不同反應。接著，他們透過進一步檢測最終證實，羅姆的大腦機能和普通人沒有什麼區別，他的頭腦非常清醒，他只是失去了對身體的控制能力。這也就是說 23 年來羅姆從來沒有喪失過意識活動，他能夠清楚地感知周圍發生的一切事情，只是沒辦法將這種感覺透過語言行動等表現出來。

史蒂芬教授的診斷讓菲納欣喜若狂，她緊緊抱著兒子說：「媽媽勝利了，你也勝利了。」短暫的驚喜過後，菲納很快冷靜了下來，雖然靠科學檢測證實兒子是清醒的，但兒子真正醒來，還需要系統治療。在史蒂芬教授的協調下，伊拉斯姆醫院神經科決定免費為羅姆進行系統治療和康復訓練。

半年後，羅姆終於睜開了眼睛，能做一些點頭、眨眼等簡單的動作。看到這些，菲納激動得語無倫次：「羅姆，媽媽

終於盼到了這一天。加油,我想聽你親口喊媽媽。」但遺憾的是,除了右手食指肌肉有微小動作,他的語言和其他動作功能卻始終沒有進一步恢復的跡象。

為了讓羅姆能夠表達,在醫生和菲納為羅姆聘請的護理師琳達‧伍特斯的幫助下,他們和羅姆共同探索了一種新型交流方法:羅姆坐在特製的電腦前,琳達托著他的手和肘,在鍵盤前移動,感應羅姆的手部肌肉的反應,將他的手指送到相應的字母處,經過近 3 年的練習,羅姆終於能在琳達的幫助下,拼寫出清晰的語句。

透過電腦,人們了解到了羅姆這 23 年來的真實感受,同時也印證了此前菲納的感知:當所有人都認為羅姆是植物人時,「我吶喊了,但根本沒有聲音……」;當他想和人交流,但發不出聲時,他很難過「僅用『挫敗感』這個詞根本無法表達我的感受」;當母親感知到他存在意識時,他非常興奮「我夢想能夠過上更好的生活」;當得知母親打算為他申請安樂死時,他痛苦不堪「我夢見自己要死掉了……」;當被新儀器測定不是植物人時,「這麼多年來,我一直期盼有一天奇蹟會發生,現在,我獲得了重生」;當人們問到他現在的感受時,「感謝母親,是她的堅信,讓我擁有了第二次生命……我永遠不會忘記醫生判斷我被誤診的那一天。我想要讀書,與朋友們透過電腦交流」。

第四輯　想綻放奇蹟，每個情節都生動

然而，這種特殊交流方式，很快遭到了外界的質疑。美國賓夕法尼亞大學生物學教授亞瑟・卡普蘭認為：「這是另一種占卜法，是操作方向的琳達在表達。」面對質疑，羅姆用自己的回答給予了有力回擊。首先，史蒂芬教授單獨在羅姆的房間裡給他看了個物品，他很快拼出了正確答案。接著，針對羅姆出車禍前會 4 國語言、而琳達只懂其中兩種的事實，人們在他面前用琳達並不懂的德語和希臘語向羅姆提問，結果，他的回答也和答案一致。這表明，羅姆表達的完全是自己的思想，而且說明他的記憶力也沒有受損。就在這時，羅姆大概被人們的各種測試激怒了，竟大段大段地揭露起伊拉斯姆醫院的「風流軼事」來，嚇得醫生們趕忙制止了。這些過去護士們在他面前暢談過的絕對隱私，正是羅姆 23 年始終清醒的鐵證。

仍在康復中的羅姆決定寫一部自傳，告訴世人他非比尋常的經歷。他最想告訴世人的是，科學家研究的儀器和方法再精良，如果沒有母親，也就沒有自己重生的奇蹟。對於菲納是如何感應到兒子的感覺，科學界至今沒人能給出一個合理的解釋，人們只能說，是偉大的母愛，是母愛的第六感創造了奇蹟，挽救了這個 23 年的「偽植物人」。

空中遇險生死表決

一架巴西高爾航空公司經營的 E170 型客機，由巴西西部城市庫亞巴起飛前往聖保羅。一個小時後，在高空中的飛機發生驚魂一幕 —— 機頭的一塊擋風玻璃突然炸開，機長大半個身體被巨大的氣壓吸掛在機艙外。不設法堵住炸開的進風口，艙內氣壓失衡的飛機隨時可能墜毀。而要堵住進風口，就必須丟掉大半個身體在機艙外的機長。如果丟掉機長，等待他的唯有死亡。難以取捨的機組人員，將是否丟下不知生死的機長這個問題交給了飛機上乘客。生死須臾間，乘客們在短暫的猶豫後做出了選擇……

空中遇險

巴西高爾航空公司 G3137 班機載著 62 名乘客和 5 名機組人員，在巨大的轟鳴聲中，從巴西庫亞巴國際機場跑道上仰頭飛向蔚藍的天空。G3137 班機是一架 E170 型的噴射機，由巴西西部城市庫亞巴飛往聖保羅。

當飛機結束爬升狀態開始平穩飛行後，座艙長艾利薩琳從座椅上站了起來。她側頭看看緊閉的駕駛艙，臉頰上露出

第四輯　想綻放奇蹟，每個情節都生動

了一絲幸福的微笑。登機前，男友薩德曼斯邀請她共進晚餐，說有重要的事情對她說。薩德曼斯是 G3137 班機的機長，擁有 10 年的飛行經驗。滿懷期待的艾利薩琳拿起話筒，用甜美的嗓音說：「親愛的各位乘客，歡迎您乘坐高爾航空所屬的 G3137 號班機，我們的目的地是美麗的聖保羅。在隨後的兩個小時裡，我們全體機組人員將竭誠為您服務，讓您度過一個愉快的旅程！」

聽過艾利薩琳洋溢溫情的話語，機上所有乘客都感覺心裡一暖。隨後，艾利薩琳與另外兩名叫薩加麗和西里斯曼的空服人員一起，在機艙裡緊張地忙碌著，悉心地為乘客們提供盡可能周全的服務。三位漂亮空服員的會心笑容讓乘客們感到非常溫馨。但機上所有人沒想到的是，令人驚魂的意外會從天而降。

G3137 班機平穩飛行一個小時後，靠近了巴西中部城市馬里利亞附近空域。在良好的氣候條件下，機長薩德曼斯將飛機調到了自動駕駛狀態。在囑咐副駕駛員洛里德小心注意後，感到口渴的他透過內線通訊，呼叫艾利薩琳替他送杯飲料過來。片刻後，薩德曼斯聽到了艾利薩琳輕輕敲擊駕駛艙門的聲音。他急切地站起身，開啟了駕駛艙門。接過艾利薩琳手中裝著飲料的杯子，薩德曼斯對她擠擠眼睛說：「親愛的，別忘記我們的約定哦！」

空中遇險生死表決

在薩德曼斯火熱的目光下,艾利薩琳感到心跳加快,臉頰一陣發燙。她趕緊關上駕駛艙門,轉身向機艙走去。剛走出兩步,艾利薩琳突然聽到「砰」的一聲,而後傳來了副駕駛員洛里德的驚呼:「上帝,薩德曼斯你怎麼了?」

洛里德的驚呼,頓時讓艾利薩琳心裡一緊。她趕緊轉身,迅速地開啟駕駛艙門。駕駛艙裡出現的一幕,讓艾利薩琳瞬間呆住了。駕駛艙右側的擋風玻璃炸開了一個大洞,薩德曼斯的大半個身體被巨大的氣壓吸到了駕駛艙外。幸好他一隻腳死死地勾在一把椅子上,人才沒有被完全吸出去。艾利薩琳發現,薩德曼斯勾在椅子上的那隻腳顫抖得非常厲害,似乎隨時都可能力有未逮。不及多想究竟是怎麼回事,她衝過去用力抱住了薩德曼斯留在駕駛艙內的小半個身體。艾利薩琳大聲呼喊:「親愛的,你一定不會有事!」

身高190公分的薩德曼斯體重達100公斤,艾利薩琳抱得非常吃力。發現副駕駛員洛里德呆呆地看著,她說:「洛里德,快來幫忙,我們一起把薩德曼斯拉進來。」如夢初醒的洛里德趕緊走過來,和艾利薩琳一起緊緊地抱住薩德曼斯還留在駕駛艙裡的雙腳。

但事情顯然不像他們想的那般容易。薩德曼斯的上半身被吸出駕駛艙後,本來促使他張開雙手想要抓住可以借力的地方,然而光滑的機頭沒有任何能夠讓他雙手可以借力的地

第四輯　想綻放奇蹟，每個情節都生動

方。艾利薩琳和洛里德用力將薩德曼斯的身體往駕駛艙裡拉的時候，薩德曼斯張開的雙手剛好卡在炸開的擋風玻璃外面，讓他們不敢用力過度。

「薩德曼斯，你把雙手縮回來好嗎？」艾利薩琳大聲對上半身掛在擋風玻璃外面的薩德曼斯說。然而，高空冰冷刺骨的寒風和發動機發出的巨大轟鳴聲已讓薩德曼斯雙耳聽覺麻木，根本聽不到艾利薩琳說的話。

薩德曼斯顫抖得厲害的雙腳讓艾利薩琳知道，他正在經歷前所未有的痛苦。緊緊抱著薩德曼斯留在駕駛艙內的身體，艾利薩琳心痛無比，雙唇被自己的牙齒咬出了一圈血痕。她溼潤的雙眼死死地看著薩德曼斯，在心裡不停地祈禱：「上帝啊，請保佑我的薩德曼斯平安無事，請保佑我們所有人平安無事。」

但上帝並未聽見艾利薩琳的祈禱。她和洛里德還未將薩德曼斯的身體拉回駕駛艙，凶猛灌進機艙內的狂風，便使得氣壓失去平衡的機艙裡的幾個警報器不停地響起來。聽著刺耳的警報聲，艾利薩琳感到機身發出了一陣劇烈的顫動。聽聞過多起墜機事件的她，腦子裡瞬間鑽進了「機毀人亡」幾個令人心驚肉跳的字。

生死表決

刺耳的警報聲和機身的劇烈顫抖讓機艙裡的 60 多名乘客驚慌失措，亂成了一團。「上帝，發生了什麼事情？」「難道飛機要墜毀了嗎？」聽著機艙裡的叫嚷聲，不明就裡的薩加麗和西里斯曼一邊勸解乘客不要緊張，一邊走向駕駛艙。

飛機在短暫的劇烈顫抖後又恢復了穩定。儘管刺耳的警報聲依舊不停地響著，但機艙裡的乘客都從慌亂中安靜了下來。這時，有多年隨機經驗的艾利薩琳感覺飛機正快速地朝下降落。她對洛里德說：「洛里德，你去駕駛飛機，我一個人抓住薩德曼斯就可以了。願上帝保佑我們！」

洛里德回到了駕駛位置上，拚力將飛機又拉升了起來。但危險並未就此結束。由於擋風玻璃炸開了一個大洞，高空中刺骨的冷風正瘋狂地往機艙裡灌。更要命的是，洛里德拚命地呼叫空管中心以尋求幫助。然而，飛機已和空管中心失去了聯繫，如果不及時阻住炸開的大洞，氣壓失衡的機艙內的氧氣最多只能供乘客維持呼吸 30 分鐘。但這時，G3137 距離目的聖保羅還有一個多小時的飛行距離。顯然，飛機上的氧氣無法保證讓乘客們安全降落到聖保羅機場。如果沒有足夠的氧氣，飛機上的所有人都會因為缺氧而陷入昏迷，直至最終窒息而亡。

第四輯　想綻放奇蹟，每個情節都生動

　　想著可能出現的情況，艾利薩琳知道，必須盡快將薩德曼斯擋風玻璃外的身體拉回駕駛艙，再想辦法阻住那個炸開的洞口。但光依靠她一個人的力量顯然不可能將體重 100 多公斤的薩德曼斯拉回來。而情況很不穩定的飛機，需要洛里德隨時保持警惕進行駕駛，不能過來搭手幫忙。

　　艾利薩琳正不知所措時，駕駛艙門被推開了。看到走進來的薩加麗和西里斯曼，艾利薩琳心裡一喜說道：「薩加麗，西里斯曼，快過來幫我抓住薩德曼斯。」聽到艾利薩琳的說話聲，薩加麗和西里斯曼被眼前的一幕震驚了。她們無論如何也沒有想到，在駕駛艙裡發生了如此震撼心魄的事故。

　　薩加麗和西里斯曼趕緊衝到艾利薩琳的身旁，和她一起拽住了薩德曼斯的雙腳。抓住薩德曼斯的三人想盡了辦法，依舊無法將他的身體拉回駕駛艙來。在艾利薩琳三人努力想拉回薩德曼斯的身體時，洛里德不斷地和空管中心聯絡。對講機裡傳來的除了吱吱的電流聲，再無別的聲音。

　　這時，距離擋風玻璃炸開已經過去了好幾分鐘。如果炸開的洞口不能及時堵住，機組人員只有想辦法在機艙裡的氧氣耗盡前緊急迫降。聯絡不上空管中心，便找不到迫降的機場。那麼選擇迫降的話，只能降落在荒郊野外。降落在沒有跑道的野外，對於一架近乎滿載的客機來說安全降落的可能性幾乎為零。那麼擺在機組人員面前的只有一個辦法：堵住

炸開的洞口。

可是，薩德曼斯的大半個身體還在機艙外，根本沒有辦法堵住炸開的玻璃洞口。在機組人員不知所措時，機身再次劇烈顫抖起來。情況越來越危機，留給他們的時間已經不多了。艾利薩琳看著趴在機艙外零下20°C的空氣中的薩德曼斯，心裡像有一把刀子在飛快地攪割一般，痛得要命。她回頭看看機艙方向，想起那裡還有62個鮮活的生命。剎那間，艾利薩琳做出了選擇：「親愛的，原諒我，我捨不得你，但我不能拿機上60多個旅客的生命開玩笑。如果你知道了我的決定，相信你會原諒我的。」

艾利薩琳將心中的決定告訴了另外三人。她的話音剛落，三人異口同聲地進行否決：「我們不能就這樣丟掉機長！」「如果不丟掉薩德曼斯，你們還有別的辦法解決班機面臨的困境嗎？」說話的艾利薩琳，再也控制不住四溢的眼淚。「我比你們誰都希望奇蹟發生！但是奇蹟現在並沒有發生，而我們不能再這樣等下去。現在，我們把是否丟掉薩德曼斯的決定權交給機艙裡的乘客吧！由他們來表決薩德曼斯的生死。如果乘客們讓我們丟掉薩德曼斯，那麼我們只能選擇丟掉。」

對飛機在空中遭遇緊急事故的情況，巴西航空管理局做出了相關規定：機組人員有義務犧牲一切來確保乘客的安全，

除非乘客不要他們這樣做。因此,作為座艙長的艾利薩琳,在是否丟掉薩德曼斯的問題,決定問問機艙裡的乘客。在說出巴西航空管理局的規定後,另外三人再也無法反對艾利薩琳的這個決定。但他們誰都不願意出面將這個表決的權利擺到乘客面前。

他們都知道,和機長並無多少交集的乘客,在關乎自己生死的表決上,結果差不多毫無懸念。但表決的結果真的會毫無懸念嗎?

驚魂拯救

看著沉默的另外三人,艾利薩琳對薩加麗和西里斯曼說:「抓緊他!」而後,她擦乾臉頰上的淚水,推開駕駛艙門,走到了乘客前面。艾利薩琳強忍心中的悲痛,穩定了一下情緒,鎮定地說道:「各位乘客,班機現在遭遇了一點小麻煩,駕駛艙的擋風玻璃突然炸開了一個洞,我們的機長薩德曼斯被意外掛在機艙外,現在生死不明。是否丟下被掛在機艙外的機長,事關我們的生死。現在,我請大家認真考慮一下,稍後表決。贊同丟掉機長的人請舉手,舉手的人超過半數,我們就將丟下機長。當然,被丟掉的機長將失去生命。」

原本鬧哄哄的機艙瞬間安靜了下來,靜得所有人的呼吸

空中遇險生死表決

都聽得非常清晰。看著眼前的 62 名乘客,心懷忐忑的艾利薩琳不停地祈禱:「上帝啊,請給我的薩德曼斯活著的希望吧!我愛他,我離不開他。親愛的薩德曼斯,請原諒我,我把你的生死表決權交給了和你陌生的乘客們。如果你還清醒著,相信也會贊同我的決定。」

時間在艾利薩琳的焦急等待中流逝。良久,她的視野中有人迅速而果斷地舉起了手。隨後,1 隻,2 隻,5 隻,15 隻……艾利薩琳艱難地伸出手,竭力控制心中的悲傷,不讓眼淚流下來,一個個地清點舉起的手。艾利薩琳一邊清點舉起的手,一邊在心中說:「親愛的,對不起!」

儘管艾利薩琳很不願意清點那些舉起的手,害怕有超過 31 隻手舉起,但事情並未按照她的意願發展。即便不願意承認,她還是在機艙裡清點出了 38 隻舉起的手。艾利薩琳強擠出一絲微笑說:「好了,我現在知道各位乘客的決定了。我們機組人員會按照各位舉手表決的結果做出選擇,將機長薩德曼斯的身體丟出駕駛艙。」

說完這句話,艾利薩琳感覺自己似乎用完了全身的力氣。她艱難地轉過身,準備回到駕駛艙,將大半個身體掛在擋風玻璃外的薩德曼斯丟掉。艾利薩琳真想機艙到駕駛艙的距離無比漫長,讓她一輩子也無法走完,這樣她就不用親手將自己的愛人丟到飛機外面。但她知道,這樣的想法無疑是

第四輯　想綻放奇蹟，每個情節都生動

　　痴心妄想，永遠也不可能達成。艾利薩琳沉重的腳步快要走到駕駛艙門時，身後突然傳來了一個聲音：「小姐，請等一等好嗎？」

　　艾利薩琳慢慢地轉身，出現在她眼前的依舊是那舉起的38隻手。看著密密麻麻在眼前晃動的手，她嗓音低沉地問：「請問有什麼事嗎？」艾利薩琳話音剛落，一隻舉著的手倏然放了下去。緊接著，在艾利薩琳驚奇的目光裡，又一隻手放了下去，隨後是第三隻，第四隻，第五隻……

　　不到10秒鐘，原本密密麻麻舉在艾利薩琳眼前的手，全部放了下去。機艙裡，舉起的手變成了零。靠近艾利薩琳的一位老人說：「美麗的小姐，我們知道機組人員在乎我們這些乘客的安危就夠了，但我們無權剝奪機長的生命。」聽過老人的話，艾利薩琳再也忍不住，眼淚迅速地流出眼眶，順著臉頰流進了嘴裡。這眼淚的味道，她感覺甜甜的。望著眼前的62位乘客，艾利薩琳哽咽著說：「謝謝你們！」說完，她彎下了腰。

　　艾利薩琳回到駕駛艙，流著淚把乘客的表決結果告訴了另外3人。就在幾人為薩德曼斯幸運時，對講機裡突然傳來了空管中心的問話：「G3137，你們發生了什麼事情？請回答。」副駕駛員洛里德趕緊將飛機面臨的危機告訴了空管中心。幾分鐘後，在空管中心的指揮和引領下，G3137班機成

功降落在了 30 公里外的馬里利亞機場。

機長薩德曼斯被趕來的救護車緊急送到了醫院搶救。令人不可思議的是，受到巨大撞擊和在高空極寒中被冰凍了近 20 分鐘的他，竟然被救活了過來。看著睜開眼睛的薩德曼斯，一顆心被揪緊了的艾利薩琳說：「親愛的，你終於醒了。原諒我在飛機上把你的生死交給了乘客們！」薩德曼斯伸出手，握緊艾利薩琳顫抖的手深情地說：「親愛的，那是你的職責，你沒有做錯。只是遺憾的是，我們的約定得推遲了。我原本打算晚餐後向你求婚的。」「你現在也可以求婚啊！我這輩子都不會離開你。」艾利薩琳依偎在薩德曼斯的懷裡說。

隨後的事故調查表明，這次的事故是由於飛機擋風玻璃遭受了意外撞擊所致。讓人慶幸的是，幸好當時沒有丟掉機長薩德曼斯，他一旦被丟下，百分百會被捲入機翼上轉動的引擎裡，結果只能是機毀人亡。獲悉調查結果，參與表決的乘客都很興奮，一念善意救了機長薩德曼斯，也救了自己。

第四輯　想綻放奇蹟，每個情節都生動

永不言敗的「紫色飛行者」

在由美國娛樂與體育節目電視網主辦的年度卓越體育表現獎中，美國短跑名將蓋爾·德弗斯當選為最佳田徑女運動員。據悉，她是目前世界上獲得冠軍頭銜最多的田壇巨星之一，是享譽世界的「女飛人」。德弗斯所創造的田徑奇蹟令人驚嘆，但讓人難以想像的是，她曾經掙扎在死亡邊緣、險些被鋸掉雙腿⋯⋯

愛與疾病同行

首爾奧運即將舉辦，21歲的德弗斯進行著艱苦卓絕的訓練，以期在奧運上創造輝煌成績。在自信滿懷時，她發現腿部皮膚有幾處潰爛。德弗斯以為這只是汗水浸泡的作用。由於不想耽誤太多訓練時間，她便讓隊醫簡單處理了一下。幾天後，潰爛不僅沒有痊癒，反而加重了。

在男友羅恩·羅伯茲催促下，德弗斯驅車到醫院進行了全面檢查。現實很殘酷。醫生面色沉重地告訴德弗斯：「你患的是甲狀腺亢進。」德弗斯並沒有意識到「甲狀腺亢進」會對她的身體帶來何種不良影響。隨後，醫生告訴德弗斯，甲狀

永不言敗的「紫色飛行者」

腺亢進很難治療,它是一種嚴重影響身體健康的慢性病。

儘管處於春天的美國暖陽高照,德弗斯的身體依舊由裡及外地覺得冷,心倏然從天堂掉到了地獄。德弗斯感到一陣頭暈目眩,她希望醫生說的話不是真實的,然而診斷書上寫得非常明白。醫生建議德弗斯結束運動生涯,因為體力付出過大的運動會迅速加重她的病情,甚至可能使她失去雙腿。醫生的建議,對一個渴望拿世界冠軍的運動員來說無疑造成了致命打擊。德弗斯步履沉重地走出了醫生辦公室。

看見守候在外的羅伯茲,德弗斯再也忍不住悲傷,緊緊抱著他泣不成聲:「親愛的,我患了甲狀腺亢進,醫生要我結束運動生涯。我的冠軍夢破滅了⋯⋯」日常訓練無論遭遇多大困難都不曾喊一聲苦的德弗斯,以為自己一切都完了。

1966 年 11 月,德弗斯出生在西雅圖。儘管個子不高,但爆發力極好的她,從小就在短跑上展現了驚人天賦。德弗斯有著輝煌的冠軍夢,她渴望站在高高的世界冠軍頒獎臺上。由於美國短跑名將極多,她一直缺少參加世界大賽的機會。德弗斯沒有因此失望,她努力著,她期冀著。首爾奧運帶給了她爭取世界冠軍的機會。可是,醫生的建議相當嚴肅,儘管捨不得運動生涯,德弗斯不得不將其放在心上。

得知德弗斯的病情後,羅伯茲堅決地阻止了她還有幾分想繼續征戰首爾奧運的心理。看著德弗斯悲痛不已的表情,

第四輯　想綻放奇蹟，每個情節都生動

　　羅伯茲溫柔地說：「親愛的，我們的新生活才剛剛開始，怎麼可能完了呢？」羅伯茲的話，久久地迴盪在德弗斯耳邊。德弗斯陷入了沉思：「是的，怎麼可能一切都完了呢？新生活才剛剛開始！不管能不能繼續回到田徑賽場，我都不能選擇放棄對生活的信心。我要勇敢些，和病魔進行一場頑強的戰鬥。」

　　疾病如下山猛虎一樣，對德弗斯展開瘋狂進攻。面對毫不留情的疾病，德弗斯沒有退縮。她聽從醫生安排，放棄了首爾奧運，暫時停止一切體育訓練。

　　為了抵抗病魔對身體的侵襲，德弗斯必須進行放射治療。放射治療過程中，她不僅要忍受身體上的痛苦，還要忍受個人形象的改變：美麗的頭髮和修長的指甲都開始脫落。

　　治療過程中出現的副作用，對一個年輕女孩來說是可怕的。德弗斯一向喜歡漂亮，頭髮、指甲的脫落，使她羞於出去見人。因為長時間關在屋子裡，德弗斯漸漸煩躁不安起來。煩躁讓她的脾氣越來越壞，她總是忍不住對羅伯茲大聲喝斥。面對德弗斯的壞脾氣，羅伯茲並不在意，而是耐心勸解開導她：「只有心境平和，你才能迅速康復。」德弗斯盡力克制著暴躁情緒，聽從了羅伯茲的建議，努力做到心平氣和。

　　然而，這種好心情總是不能長久維持。儘管積極配合醫生治療，但是病情並沒有像德弗斯希望那樣迅速好轉。一

天，看著正在忙碌的羅伯茲，德弗斯忍不住大聲吼叫起來：「你走，不要再管我了！」羅伯茲抬頭定定地看著她，而後轉身走了出去。看著走出房間的羅伯茲，德弗斯後悔極了，以為他就這樣離開不再理她了呢。如果沒有羅伯茲的每日相伴，我的生活豈不更加孤寂了⋯⋯正在胡思亂想的時候，羅伯茲又出現在了門口。看著羅伯茲，正打算道歉的德弗斯呆住了。她看見羅伯茲手裡捧著一大把玫瑰。玫瑰豔麗的紅色讓德弗斯的眼睛燃燒起來。捧著玫瑰，羅伯茲走到德弗斯面前，深情地望著她說：「嫁給我吧，我們一起創造新生活！」在羅伯茲能夠讓寒冰融化的目光裡，德弗斯的心醉了。她臉頰緋紅地點了點頭。

德弗斯和羅伯茲把婚禮定在了夏天首爾奧運期間，他們蜜月旅行的地點就是首爾奧運的田徑場館。在首爾奧運上，看著曾和自己一同訓練的運動員在跑道上叱吒風雲，德弗斯心癢難抑，她真希望此時在跑道上飛奔的是自己。一場場賽事不斷觀看，德弗斯有些疲勞，但她心中越來越自信：「只要我不向病魔屈服，我就一定能夠再次回到田徑賽場上。」

生命中沒有「放棄」

首爾奧運結束了，德弗斯和羅伯茲蜜月旅行也結束了。其他運動員在賽場上不畏一切打拚的情景，深深震撼了

第四輯　想綻放奇蹟，每個情節都生動

德弗斯：「我一定要創造屬於自己的輝煌。」羅伯茲知道德弗斯的冠軍夢，他把蜜月旅行設計在首爾也源於此目的。

羅伯茲的苦心沒有浪費，德弗斯深情地對他目光堅毅地說：「我可以的，我的生命中沒有『放棄』二字。」

從首爾回到美國後，德弗斯再次到醫院去檢查病情進展。一番檢查後，醫生威嚴的眼光盯著德弗斯：「你怎麼不聽我的話，最近又參加劇烈體育運動了嗎？本來已經好轉的病情又惡化了。」德弗斯把和羅伯茲一起去首爾看奧運的事情告訴了醫生。醫生沉思半晌說：「甲狀腺亢進已經危急到了你腿部的正常代謝。我建議你鋸掉雙腿，否則病情會更加嚴重。」德弗斯毫不猶豫地拒絕了醫生的建議，她想：「如果我鋸掉了雙腿，重新回到賽場上等於痴人說夢。」德弗斯聽取了醫生的其他治療方案。隨後，德弗斯把心全部放到了治療上，暫時將那寄託她很多夢想的田徑埋藏在記憶裡。

由於德弗斯擁有積極的治療心態，她的病情出現了驚人的好轉。首先是她一直不斷潰爛的雙腿不再潰爛了，儘管偶爾還有掉皮現象，但這已經無傷大雅了，其次是她放射治療過程中顯得無力的雙腿漸漸恢復了力量，再就是放射治療中一直脫落的指甲也不再脫落了。這一切跡象，讓德弗斯內心裡埋藏已久的冠軍夢醒轉過來。

在與醫生商量後，德弗斯在丈夫羅伯茲的鼓勵下重新回

永不言敗的「紫色飛行者」

到了訓練場上。儘管病情好轉,但是她的身體只要加大運動幅度,就很痛。而且每天訓練時,她原先潰爛過的雙腿都會在汗水的浸泡下掉皮,表皮裡的嫩肉在汗水浸泡下,痛徹心骨。德弗斯咬緊牙關忍受著。她沒有喊出來,她不想一直陪伴在訓練場邊的丈夫擔心。為了讓妻子恢復到以前的自信,羅伯茲專門來到訓練場上為她加油打氣。

德弗斯每每在訓練場上苦不堪言的情景,羅伯茲都看在眼裡。他也很心疼,但是他沒有阻攔她的訓練計畫。因為他很清楚妻子內心裡的世界冠軍夢有多重。羅伯茲覺得自己唯一能夠做的就是好好照顧妻子。為了使德弗斯的身體盡快恢復,羅伯茲還細心地為德弗斯制定了周詳的飲食計畫和訓練計畫。他要讓病情還沒有完全康復的妻子獲得最佳營養。

在德弗斯磕磕絆絆的訓練下,良好的心理使她的狀態恢復得比較快。首爾奧運第二年秋天,德弗斯再次到醫院複查。醫生在認真檢查後不停說:「奇蹟,簡直是奇蹟。」醫生的驚嘆,讓德弗斯知道,她在抗擊病魔的道路上,已經邁出了堅實一步,接下來只要她繼續堅持,成功離她就不遠了。

德弗斯緊緊抱著羅伯茲說:「我們一定會成功的。」羅伯茲開心地點頭了,彷彿看到妻子站在高高的領獎臺上一般。

這個時候,德弗斯以前脫落了的指甲重新長了出來。指甲長出來後,德弗斯捨不得剪掉,她決定留下指甲。她想:

第四輯　想綻放奇蹟，每個情節都生動

「如果在接下來三年時間裡，我的指甲沒有脫落，就表明我的身體健康。」三年後，德弗斯才會決定修剪指甲，而後耐心等待下一個三年到來。這些來之不易的指甲，讓德弗斯特別珍惜，她將它們染成了炫目的紅色。這些紅色的指甲，在德弗斯的指間就像一簇簇跳動的火焰，它昭示著她旺盛頑強的生命力。人們都以為德弗斯留指甲是為了美麗，但沒有想到她的指甲其實是她健康的象徵。

隨著訓練時間推移，感覺個人身體狀況好轉的德弗斯逐漸加大了訓練強度。但由於身體並沒有完全恢復正常，一次訓練時，有些心急的德弗斯忍不住再次加大了運動量，她往返衝刺 100 公尺連續不下 6 次。結果在第七次衝刺的時候，德弗斯的雙腿像灌鉛一樣，突然感到非常承重，幾乎抬不起來。德弗斯心裡一緊，腦袋一陣暈眩，腳下一虛，就向跑道摔了下去。

德弗斯這一下摔得不輕。由於跑道上有些小沙礫，德弗斯的臉頰在上面被弄出了一股股血痕，疼痛異常。儘管如此，她並沒有選擇退卻，她拒絕了別人的攙扶，自行爬起來，坐下休息一會兒，又開始了不顧一切地訓練。

堅強的毅力和科學的訓練方法，使德弗斯的短跑能力恢復得很快。德弗斯的隊友們看到她拚命的樣子，都被她不屈不撓的精神所感動。

不知不覺中,首爾奧運已經過去了三年,而德弗斯患病也將近三年。此際,第三屆田徑世錦賽在日本東京拉開帷幕。在國內的淘汰賽上,德弗斯戰勝隊友,最後出現在了東京賽場上。在這次世錦賽上,人們看見了跑道上燃燒的一簇火焰,超過了其他不少運動。德弗斯從沉寂中爆發了出來,一舉奪得女子 100 公尺跨欄亞軍。儘管沒有奪得更加令人注目的冠軍,但想著初戰告捷的德弗斯,還是非常興奮。這場並不完美的勝利表明了一點,儘管她患過病,甚至還被醫生建議鋸掉雙腿,耽誤了訓練時間,但並沒有離開跑道太遠。

走下領獎臺,德弗斯把閃閃的銀牌掛在了陪同她到日本參加比賽的丈夫羅伯茲脖子上說:「我一定會取得更大勝利的。」

永不言敗的「紫色飛行者」

在日本東京舉行的第三屆田徑世錦賽後,人們記住了指甲被染成炫目紅色的德弗斯。有記者採訪她,問她為何把指甲留這樣長。德弗斯臉色平靜地說:「我留這樣長的指甲,是為檢測身體是否健康!」看著一臉費解的記者,德弗斯停了一下說:「紅色長指甲代表我對生命的熱愛,是我跨越苦難的紀念,是我生命的『標識』!」

這種生命的「標識」,引領德弗斯在成功的道路上越跑越

第四輯　想綻放奇蹟，每個情節都生動

讓人吃驚。在隨之而來的巴塞隆納奧運上，德弗斯又在100公尺短跑中展現了她美麗生動的奔跑身影。正如她對自己的期望一樣，她在100公尺短跑中獲得了奧運冠軍。這場非同一般的勝出，使德弗斯贏得了「女飛人」的美譽，世界媒體認為她是當今世界上「跑得最快的女人」。同時，體育迷們也透過媒體得悉了「女飛人」背後的傳奇人生。德弗斯長長的紅指甲吸引了更多好奇的人們，人們都把她叫做「紫色飛行者」。

巴塞隆納奧運是德弗斯戰勝疾病取得輝煌的開始，但她也留下了遺憾。在100公尺跨欄比賽中，德弗斯率先衝出了起跑線，並且一路領先。所有關注著她的體育迷們都相信，100公尺跨欄的冠軍非「紫色飛行者」莫屬。可是，意外竟然在她跨越最後一個欄時發生了——德弗斯跌倒在地上。儘管德弗斯迅速爬起來繼續衝刺，最終也只獲得了第五名。人們在德弗斯摔倒的那一刻都嘆息起來。但是摔倒了德弗斯並沒有放棄比賽，她爬起來的繼續衝刺，讓人們心甘情願地把掌聲送給了這位不屈病魔的女強者。

摔倒了就站起來，這是德弗斯的一貫風格。因此，她才最終超越了疾病。德弗斯不相信失敗，她還要對100公尺跨欄發起衝擊。在隨後進行的司徒加特世錦賽上，德弗斯取得了女子100公尺短跑和100公尺跨欄冠軍，而後又取得了女子100公尺跨欄世界冠軍。在亞特蘭大奧運到來的時候，體

永不言敗的「紫色飛行者」

育迷們都相信,女子100公尺跨欄的冠軍非德弗斯莫屬了。可是德弗斯卻以百分之一秒的劣勢與100公尺跨欄的獎牌無緣,只獲得了100公尺短跑和4×100公尺接力冠軍。帶著並沒有痊癒的病體,德弗斯以堅忍不拔的毅力獲得了無數世界冠軍。可是令人們感到費解的是,正如甲狀腺亢進始終潛伏在德弗斯身體裡一樣,100公尺跨欄似乎成了她心頭的一塊陰影,她先後在數次比賽中出現了不可思議的意外。亞特蘭大奧運後,不相信失敗的德弗斯開始主攻100公尺跨欄。儘管花費了巨大的心血,這位戰勝疾病的田壇巨星,這位目前世界田徑史上擁有最多金牌的女子短跑健將,依舊屢屢在奧運100公尺跨欄上鎩羽而歸:雪梨奧運上,她在半決賽中拉傷腿部肌肉,在跨過5個欄後不得不退出比賽;雅典奧運上,德弗斯再次不幸地摔倒在100公尺跨欄下。

雅典奧運時,德弗斯已經38歲了,這是她參加的最後一屆奧運。在此前一年的世界田徑大賽上,德弗斯以不可阻擋的優勢獲得了100公尺跨欄冠軍,人們都相信雅典一定也屬於她。不幸再次降臨到了這位38歲的老將身上。雅典奧運比賽進行時,多年沒有復發的甲狀腺亢進再次纏上了她。比賽前夕,德弗斯出現了頭昏、眼花、氣喘等現象。對自身病情很清楚的德弗斯,沒有選擇放棄,她以頑強的毅力參加了比賽。然而,上天沒有再次垂憐這位命運的強者,她又一次摔

第四輯　想綻放奇蹟，每個情節都生動

倒在了 100 公尺跨欄下。那些一心支持德弗斯的體育迷看著摔倒了的德弗斯，流下了感嘆的熱淚。

面對一次次意外的失敗，德弗斯並不氣餒。她說：「我並不是為了拿冠軍而來的。我也不承認自己失敗了，我永遠也不會放棄對生命對追求的努力。」

正因為如此，德弗斯才在跑道上顯得那麼自信。有人懷疑她取得的成績是使用興奮劑所致。對此，德弗斯說：「興奮劑是世界體壇的一大毒瘤，使用興奮劑是對體育精神的玷汙。」德弗斯決心退役後，為了淨化世界體育，她將把對賽跑的熱情用到反對使用興奮劑上，她決心要做個反興奮劑的鬥士。

因為良好的個人形象，德弗斯在美國擁有好人緣，她是美國青少年中一位有著健康形象的偶像，不少美國媒體總是邀請德弗斯出面，希望以她健康的形象來教育青少年拒絕使用興奮劑。

在與人言談時，德弗斯最喜歡輕輕地抬起她的一雙手來。這雙手被譽為世界上最美麗的手。在這世界最美麗的手的右手腕上，繫著一條像錶帶一樣的手帶，上面印有「專注、尊重、認同、完美」幾個詞的第一個字母，這也是德弗斯做人、做事對待生活的態度。

永不言敗的「紫色飛行者」

德弗斯指著手帶說:「專注,無論做什麼事都需要專注,也只有透過專注才能達到目的。尊重,不僅需要別人對自己尊重,首先自己要對自己尊重。認同,我不在乎別人是否認同自己,只要自己認同自己就是成功的,重要的是在人生中,自己是否努力了?是否投機取巧了?是否透過努力達到了理想目標?像在先後幾屆奧運百米跨欄比賽中,我被欄架絆倒在賽場上,很多人都替我惋惜,但我卻對記者們說,第一,我已經盡力了,第二,雖然沒有拿到金牌,但透過這件事對自己的了解比得到一面金牌還高興,因為我認同自己的表現。完美,是否透過正當途徑獲得榮譽是完美的唯一衡量標準。」

在世界田壇上,德弗斯創造了奇蹟 —— 她不僅以驚人的毅力和勇氣戰勝了疾病,而且獲得了無數個世界冠軍。對此奇蹟,德弗斯說:「每當面對挑戰時,我便召喚自己內在的精神與肉體的力量,若不是因為這些動力、積極的態度和信仰,我就不可能有如此的成就。」

第四輯　想綻放奇蹟，每個情節都生動

後記

在整理本書時，突然很想搞清楚一個問題 —— 我和文字到底有沒有緣。

左思右想，發現這個問題很難解答，缺少具體標準。因此，我只能用數字來解析與文字的緣分。迄今，我與文字結緣 20 餘年，在各類報釋出文 300 餘萬字，出版和簽約了 5 本書。在這些小小的成功數字之前，我的退稿經歷不下 300 次，撰寫的未曾發表的文字不少於 200 萬字……

不管是成功的數字，還是一時失利的數字，都表明我和文字是有緣的，同時也表明我不是文字天才，只能算個苦修者。對如今 40 歲的我來說，20 多年並不算短。而那些一時失利的數字，也並不少。但無論如何，我堅持下來了，即便面對他人嘲笑的「你根本就不是寫作的料」，也從未放棄過文字夢想。用非天才的方式，我打造了自己的文字之旅，造就了自己的文字奇蹟。

因為夢想，我擁有了奇蹟。或許，在有些人看來，這些夢想和奇蹟根本算不得什麼。即便如此，也沒有關係，這影響不了我的夢想，我會一直堅持下去。

後記

　　我可以肯定，這本書裡的所有文字和所有故事，都是用真誠鑄造而出。很希望您能從中獲得啟示和感悟，獲得力量。我相信，您會從中明白：人不能沒有夢想，夢想不能沒有堅持，而堅持就會創造奇蹟。

　　最後，我要感謝您對本書的閱讀。您的閱讀，對我來說是一種巨大激勵。我會珍惜它，加深與文字的緣分，繼續我的苦修之旅。

國家圖書館出版品預行編目資料

夢想的距離，比你想的還近：堅定信念、大膽追夢、推翻質疑，平凡人的非凡成功學 / 汪洋 著 . -- 第一版 . -- 臺北市：財經錢線文化事業有限公司，2024.12
面；　公分
POD 版
ISBN 978-626-408-104-7(平裝)
1.CST: 自我實現 2.CST: 成功法
177.2　　　　　　　　　113017891

夢想的距離，比你想的還近：堅定信念、大膽追夢、推翻質疑，平凡人的非凡成功學

作　　者：汪洋
責任編輯：高惠娟
發 行 人：黃振庭
出 版 者：財經錢線文化事業有限公司
發 行 者：財經錢線文化事業有限公司
E - m a i l：sonbookservice@gmail.com
粉 絲 頁：https://www.facebook.com/sonbookss/
網　　址：https://sonbook.net/
地　　址：台北市中正區重慶南路一段 61 號 8 樓
8F., No.61, Sec. 1, Chongqing S. Rd., Zhongzheng Dist., Taipei City 100, Taiwan
電　　話：(02) 2370-3310　　傳　　真：(02) 2388-1990
印　　刷：京峯數位服務有限公司
律師顧問：廣華律師事務所 張珮琦律師

-版權聲明

本書版權為樂律文化所有授權財經錢線文化事業有限公司獨家發行電子書及紙本書。
若有其他相關權利及授權需求請與本公司聯繫。
未經書面許可，不得複製、發行。

定　　價：350 元
發行日期：2024 年 12 月第一版
◎本書以 POD 印製
Design Assets from Freepik.com